D1706121

DELIUS KLASING

Rafael Fuchsgruber
Ralf Kerkeling

Running
wild

VOM PARTYKÖNIG ZUM EXTREMLÄUFER

Delius Klasing Verlag

Inhalt

Anstelle eines Vorworts

Ein Blick hinter die Kulissen

ier die Zusammenfassung einer Telefonkonferenz zwischen Autor und Läufer Rafael Fuchsgruber, Co-Autor Ralf Kerkeling und Lektor Niko Schmidt. Der angekündigte Erscheinungstermin des Buches rückt näher und näher ...

RF: Moin, ich finde den Titel *Running wild* mittlerweile gut. Aber ich werde nicht schreiben, dass ich Deutschlands erfolgreichster Extremläufer in den Wüsten bin! Bei den Kreismeisterschaften über zehn Kilometer in Köln gewinne ich mal gerade die Altersklasse – wenn Detlef oder Wilfried W. kommen, kann es auch noch eng werden.

RK: Das ist ja auch nicht deine Distanz. Und warum wollen wir das nicht schreiben? Erstens: Statistisch ist das nun mal so, und zweitens stammt die Formulierung ja vom Chefredakteur eines Laufmagazins.

NS: Dann lass es uns doch so ins Buch nehmen, und wir schreiben, dass andere dich so bezeichnen.

RF: So ist mir das eh' lieber. Könnt ihr gleich auch 50 Prozent der »Ichs« aus meinen Texten 'rausstreichen?

NS: Wie stellst du dir das vor? Du schreibst eine Autobiografie. Wie soll das ohne »Ich« funktionieren?

RF: Ich habe Bücher von Läufern gelesen, da fing jeder zweite Satz mit »Ich« an – Katastrophe!

RK: Bekommen wir schon elegant gelöst. Wir bräuchten allerdings noch etwas mehr »blood, sweat and tears« in den Texten. Das klingt teilweise wie ein Sonntagsausflug, wenn du 250 Kilometer durch die Wüste läufst.

RF: Ich will das aber nicht so dramatisieren, wie es oftmals in Berichten passiert. Kann ich ja nix dafür, dass mir bei den Rennen meistens nichts Schlimmes passiert. Wir sind ja nicht im Fernseh-Bootcamp, und ich bin auch keine Romanfigur. Ich sehe das so: Bei Ultraläufen wird gelaufen, gelebt, geliebt und gestorben – von allem nur ein bisschen mehr.

NS: Das willst du so aber nicht schreiben?

RF: Nein! Natürlich nicht.

RK: Und die Thrombose in Libyen? Die Schlange in Jordanien? Deine diversen Verirrungen in der Sahara? Sind das keine Themen?

RF: Oui mon général! Kommt rein.

RK: Was machen wir mit dem Vorwort?

RF: Nix – ich mag Vorworte nicht. Vor allem dann, wenn sie das Buch erklären. Entweder erklärt sich das Buch selbst oder das Thema ist verfehlt – stand in der Schulzeit übrigens oft unter meinen Aufsätzen.

NS: Super Info von dir! Ich freu' mich schon.

RK: Vorworte muss man ja nicht lesen.

RF: Ich schau' mal. Danksagungen mag ich auch nicht. Da verstehe ich aber wenigstens den Hintergrund. Meine Frau sagt schon die ganze Zeit: »Ich wäre dankbar, wenn du bald fertig wirst mit dem Buch.« Ach ja – Sabrina Mockenhaupt, Joey Kelly und Hubert Kah habe ich das Exposé und Auszüge vom Buch geschickt. Die finden es super und werden uns für die Rückseite des Buches einen positiven Kommentar schreiben, sobald sie das fertige Manuskript haben.

NS: Rafael, in meiner Funktion als Lektor muss ich dir sagen, dass die Fertigstellung der Texte jetzt wirklich Vorrang hat. So schön die Zusagen auch sind. Uns fehlt noch eine Menge Text.

RF: Du kennst mich doch mittlerweile. Das Buch wird rechtzeitig fertig. Das mit Sabrina und Co. organisiere ich doch nebenbei. Ich mach' doch immer alles selbst – außer Zahnwurzelbehandlungen. Dafür aber eine Bitte für eure Korrekturen an den Texten: Ich weiß, wir wollen es emotional haben, aber schreibt mir keine weiteren romantischen Formulierungen in den Text. Ich heule sowieso schon bei jedem zweiten Rennen vor Glück im Ziel oder mitten im Lauf. Wenn ihr das jetzt noch aufpeppt, dann werde ich hier zur Rosamunde Pilcher des Extremlaufs.

RK: Kein schlechter Buchtitel.

RF: Hallo! Vorsicht! Ich habe auch Gefühle – sonst nehme ich mir hier auf der Stelle eine Schreibblockade.

NS: Rafael! Wir sind hier nicht in der Belletristik – ich kann dich aber mit der Abteilung verbinden. Die haben Spezialisten für solche Fälle.

RF: Nee, ist gut – lieber nicht. Um mit den Worten des anderen Kerkelings zu sprechen: Ich bin dann mal weg ... ein Buch schreiben.

Desert Ultra Namibia und Placebo

Für mich stellt sich nie die Frage: Ist das Wasserglas halbvoll oder halbleer? Ich habe Durst. Ich bin ein Suchender, ein Nomade, ein frei umherlaufender Irrer – ein Läufer.

Es ist spät abends in Windhoek, als ich in den nagelneuen Airbus der Air Namibia einsteige. Ich bin erleichtert und freue mich, da ich auf dem Hinweg von Deutschland das Vergnügen mit einem völlig ausgelutschten A330 hatte, der diese Strecke seit Ewigkeiten bedient und schon lange auf den Schrott gehört. Jon Butler, ein Großwildjäger aus Namibia, sitzt neben mir und erzählt mir kurz vor dem Start, dass die Maschine erst seit zwei Wochen im Linienverkehr fliegt und bereits am ersten Tag nach der Landung mit einem seiner Flügel in einen anderen Flieger gescheppert war. Seitdem ist am Ende des Flügels ein Stück Klebeband im Einsatz, bis der Flieger repariert werden kann. Ich liebe Afrika.

Noch vor dem Start versuche ich, den Streifen Klebeband auszumachen, aber mittlerweile ist es zu dunkel. Dass »Gaffa-Tape«, wie es bei uns im Konzertbereich heißt, einiges aushält, weiß ich aus eigener Erfahrung. Ich mag es zunächst nicht glauben. Tatsächlich aber berichtet sogar der *Windhoek Observer* darüber. Auf dem Flug denke ich an das mir bevorstehende Konzert der Band *Placebo*. Eine der ganz großen Bands weltweit, deren Sänger Brian Molko den Ruf hat, nicht ganz einfach zu sein. Als Veranstalter werde ich, nach einem hoffentlich ruhigen Nachtflug, in den kommenden zwei Tagen viel Spaß mit dieser Band haben.

Verrückte Welt, in der ich gerade lebe, denn eigentlich komme ich an diesem Tag von einem 250 Kilometer langen Lauf durch die Wüste Namib. Ein Rennen über fünf Etappen, bei dem ich mir am letzten Tag auf der 100 Kilometer langen Einzeletappe den Gesamtsieg sichern konnte. Den ersten Sieg in meiner abwechslungsreichen Läuferkarriere. Während dieser 100 Kilometer hatte ich immer wieder ein Bild vor Augen – ein Bild aus einem anderen Leben, aus meiner Vergangenheit. Auf den Monat genau vor zehn Jahren habe ich die letzte Flasche Bier in den Ausguss gekippt und mit dem Saufen aufgehört – und ich spreche hier von Saufen! Ich wollte so nicht mehr weitermachen und konnte es auch nicht mehr. Zu sehr hatte meine Gesundheit gelitten. Und jetzt dieser große sportliche Erfolg. Bevor ich einschlafe, gehen die Gedanken noch einmal zurück in die »Namib«.

Nach mehreren Podestplätzen bei großen Wüstenläufen in den vergangenen Jahren überquere ich als Gewinner die Ziellinie, liege mir mit dem Zweitplatzierten Andrew Clarke in den Armen und erhalte die Glückwünsche der Crew. 250 Kilometer heiße Wüste liegen hinter mir. Eine der anstrengendsten Strecken bisher. Und trotzdem fühlt es sich anders an, als ich es erwartet hatte. Im Moment meines größten Triumphes passiert in mir seltsamerweise – nichts. Nach meinem zweiten Platz im Jahr zuvor in Jordanien rief ich sofort meine Frau Ute und meine Tochter Mara an. Ich heulte so sehr, dass sie kein Wort verstanden und dachten, mir sei etwas Schlimmes passiert. Hier in der Namib warte ich auf eine Regung der gleichen Art, aber ich bin emotional überfordert. Kein Jubelschrei, kein Freudentanz und auch keine Tränen. Ich mache mir einen doppelten Espresso, setze mich ans Lagerfeuer und genieße dessen Wärme in der kalten Wüstennacht. Vor zehn Jahren habe ich mich mit der Frage »Wie weit kann ich laufen?« auseinandergesetzt, und nun scheint die Antwort da zu sein.

Auch im Lauf der Nacht komme ich nicht wirklich zur Ruhe. Ich liege etwas überdreht vor meinem Zelt, lasse meine Gedanken schweifen und versuche, ein wenig Schlaf zu finden. Mein Blick bleibt jedoch immer wieder an diesem einzigartigen Wüsten-Sternenhimmel hängen, der mich jedes Mal aufs Neue fesselt. Es ist mir nie möglich gewesen, diesen beeindruckenden Anblick zu beschreiben. In die Schönheit dieses Augenblicks mischen sich in diesem Moment allerdings auch viele ernste Gedanken. Zahlreiche Dinge aus meinem bisherigen Leben kommen in diesen Stunden wieder hoch, viele verdrängte Lebenssituationen, vor allem aus den frühen Jahren. Die überharte Gewalt in meiner Kindheit durch meinen alkohol- und tablettenabhängigen Vater. Die wilde Zeit danach in Köln, bei der ich in der Gesamtwertung für Partys und ungesunden Dingen weit vorn lag. Die Geburt unserer wunderbaren Tochter Mara vor fünf Jahren – der komplette Neustart mitten im Leben. Ich habe lange gesucht und musste weit über 40 Jahre alt werden, um den richtigen Weg zu finden. Aber, wie sagte einst schon Wilhelm Busch: Ausdauer wird früher oder später belohnt – meistens aber später.

Als der Flieger aus Windhoek schließlich in Frankfurt landet, stelle ich zunächst einmal zwei Dinge fest. Erstens: Das Klebeband hat gehalten. Und zweitens: Jon hat nicht geschnarcht. Das lässt sich doch gut an, und ich fühle mich einigermaßen fit. Durch den Flughafen bewege ich mich dennoch wie in Zeitlupe Richtung Ausgang. Was für ein krasser Gegensatz zu den Eindrücken der letzten Tage in Afrika. Mein Kopf hängt noch in der Wüste, zahlreiche Gedanken an die freundliche Stimmung in den Gesichtern der Menschen schwirren dort herum. Hier in Frankfurt herrscht überall Hektik, die Menschen wirken angestrengt. Komplettiert wird die Tristesse durch Nieselregen und Temperaturen, die sich am Nullpunkt entlanghangeln. Ein typischer Novembertag in Deutschland eben. Für Wehmut oder weitere negative Gedankenspiele bleibt mir jedoch nicht viel Zeit. Mein nächstes Abenteuer ruft: der Job.

Wir veranstalten die Band *Placebo* für die Telekom Street Gigs. Die britischen Superstars werden in der ehemaligen Trichterhalle der Zeche Zollverein in Essen spielen. Die Vorbereitung der *Placebo*-Show hatte ich größtenteils vor dem Rennen gemacht, und meine Kollegin Saskia Zumbaum hat die restliche Kommunikation in den letzten zehn Tagen vor der Show dann von mir übernommen. Wegen der Rückreise aus Afrika komme ich morgens ein wenig später zum Aufbau. Saskia hat als gelernte Veranstaltungsmeisterin alles prima im Griff. Mein Part ist heute mehr die Kommunikation zwischen Künstlern, den mitarbeitenden Firmen und den dazugehörigen 120 Mitarbeitern, die zur Umsetzung einer Show notwendig sind.

Das *Placebo*-Konzert wird live ins Web gestreamt, zeitversetzt wird es auch im TV ausgestrahlt werden. Daraus ergibt sich, dass wir auf der einen Seite eine Rock-'n'-Roll-Show produzieren und das Gleiche aber auch als TV-Produktion abbilden. Ein großes Vergnügen und Handicap ist es, dass sich die Street Gigs immer an Veranstaltungsorte begeben, die sehr außergewöhnlich sind. Vor *Placebo* waren wir mit der Band *Biffy Clyro* in Hannover im Stadionbad.

Das wäre weiter nicht schlimm gewesen, allerdings hatte ich mit meiner anderen Kollegin Katja die Idee, das Publikum ins Wasser zu stellen – in ein Nichtschwimmerbecken. Das gab die größte TV-Konzert-Wasserschlacht, die man im deutschen Fernsehen bis dahin gesehen hat. Sensationelle Stimmung und Bilder, die jungen Konzertbesucher führen sich im Wasser auf wie die Kinder im Planschbecken.

Biffy Clyro im Stadionbad Hannover.

Bei *Placebo* ist es etwas übersichtlicher, mit der Ausnahme, dass die technischen Vorstellungen der Band aus dem Bereich der Arena-Produktionen nicht ohne Weiteres auf eine Clubshow für 500 Besucher übertragbar sind. Wochenlang wird diskutiert, wie wir gemeinsam zu einem guten Ergebnis kommen können. Der Sänger der Band *Placebo*, Brian Molko, genießt den Ruf, nicht ganz einfach zu sein. Künstler sind in dieser Hinsicht sehr unterschiedlich. *Bryan Adams* ist für alle ansprechbar – bei *Nena* ist es eher anders. Es gibt Bühnenanweisungen, in denen dem örtlichen Veranstalter vom Management erklärt wird, welche Tapete im Hotelzimmer einer international bekannten Sängerin geklebt werden muss. In der selben Anweisung steht auch, dass die Künstlerin, wenn möglich, Hundewelpen in ihrer Garderobe wünscht. Das nimmt ab und an extreme Formen an.

Als die beiden Fahrzeuge der Band *Placebo* ankommen, steigen zuerst die Security-Leute und Brian Molko aus. Er ist mit einer Kamera bewaffnet und interessiert sich für die historischen Industriebereiche mit Hochöfen und Fördertürmen. Ich bringe ihn zur nächsten Aussichtsplattform und erkläre ihm einige Dinge, die ich bei den Ortsterminen im Vorfeld gelernt habe. Er ist sehr freundlich und entspannt.

Als wir die Band in die Halle bringen, in der sie auftreten werden, sind sie erstaunt und happy wie Jungs, die einen neuen Spielplatz haben. Alles ist anders und gar nicht wie bei den sonstigen Konzerten. Überall hängen von der Decke riesige Betontrichter, mit deren Hilfe früher die Kohle in die verschiedenen Güterzüge gefüllt wurde, um sie von dort zu den Hochöfen zu bringen. Das Eis ist gebrochen. Der Rest des Tages verläuft relativ entspannt. Allerdings sind auch hier die ersten Schritte Wochen zuvor erfolgt. Der technische Leiter und der Tourmanager der Band haben bald das Gefühl, dass wir wissen, was wir tun, und so geht die Kommunikation schnell in eine entspannte Richtung. Die Kollegen sind bei dieser Form der Specialevents durchaus vorsichtig, da oftmals Eventagenturen ihr Know-how in Sachen Konzertlogistik erheblich überschätzen und die Crew sowie die Band anschließend den Stress haben, um trotzdem eine Show auf höchstem Niveau abliefern zu können. Zudem kann ich dem Manager der Band einen großen Gefallen tun: Einer der Bandmitglieder hatte sich auf Tour eine schmerzhafte Schulterverletzung zugezogen, die jeden Abend beim Spielen Schwierigkeiten macht. Was Orthopäden anbetrifft, bin ich bei Frank Schmähling nach vielen Jahren der Suche in sehr guten Händen, und wir sind seit Langem befreundet. Frank gibt mir den Kontakt zu seinem Studienkollegen, der heute einer der Schulterspezialisten in Deutschland ist. Ich erreiche diesen auf Fuerteventura. Glücklicherweise tritt er gegen Mittag seinen bereits geplanten Heimflug an und gibt mir seine Zusage, in diesem speziellen Fall am Nachmittag in der Klinik noch nach der Schulter des Musikers zu schauen. Solche Spezialaufträge zu einem guten Ende zu bringen, verschafft Pluspunkte. Der Musiker und sein Manager sind froh über die Ergebnisse aus dem CT. Der Doc kann dem bandeigenen Physiotherapeuten noch wichtige Infos für die weitergehende Therapie mitgeben. Die Show wird gut, und alle sind zufrieden. Ich bin glücklich, dass ich nach Namibia und *Placebo* endlich ein paar Tage und Nächte schlafen kann. Das Rennen in Namibia findet sein tatsächliches Ende erst nach der *Placebo*-Show. In Windhoek war mir klar, dass ich gleich auf dem Energielevel bleiben kann, da es in Deutschland sofort stressig weitergehen wird.

Obwohl der Abbau über Nacht noch ansteht, schicken mich meine Kollegen direkt nach gelungener Show nach Hause – wohl wissend, dass es nun für mich wirklich Zeit wird, mal runterzukommen. Erst Tage später bin ich in der Lage, mein Abenteuer Namibia und die Geschichte der vergangenen zehn Jahre auch emotional umzusetzen. Aber es ist ein Prozess in Gang gesetzt worden. Das alles wird mich am Ende noch ein weiteres halbes Jahr beschäftigen. Ich bin viel gerannt seit meinem Ausstieg aus der Sucht. Lange habe ich Sachen verdrängt oder habe sie einfach »weggelaufen«. Ein wenig kommt es mir so vor, als würde ich nun bewusst das erste Mal zurückblicken.

In diesen unruhigen Nächten werden auch Erinnerungen an meinen ersten Wüstenmarathon wach. Es ist noch nicht so lange her, dass ich mir gar nicht vorstellen konnte, über die Marathondistanz hinauszulaufen. Aber es war wohl eine dieser Initialzündungen, die man braucht, um eine neue Leidenschaft zu entdecken. In diesem Fall reichte damals ein Blick auf die Auslage eines Kiosks: Dort lag eine Laufzeitschrift, auf dem Cover waren Bilder des *Marathon des Sables* abgebildet. Der Funke sprang sofort über – das wollte ich auch erleben.

Marokko | 42 Kilometer | Sahara | Zagora Marathon 2006

Nachdem ich die Fotos vom *Marathon des Sables* gesehen hatte, war klar, dass ich in der Wüste laufen wollte. Die Wüstenläufer waren für mich Ikonen dieses Sports, und ich fühlte mich wie ein kleiner Junge, der den Großen beim Fußballspielen zuschaut. Ein Lauf über 250 Kilometer durch die Sahara war außerhalb meines Vorstellungsvermögens. Ich fing an, nach einem kürzeren Lauf zu suchen. In jenen Jahren war alles noch nicht so durchorganisiert wie heute, die Läufe waren nicht einfach zu finden. Außer *Marathon des Sables* und *Racing the Planet* gab es zu diesem Zeitpunkt noch keine internationalen Anbieter, und die lokalen Anbieter in den entlegensten Winkeln der Erde waren noch nicht alle mit eigener Website im Netz vertreten. Der Versuch, über Trekkingfirmen weiterzukommen, führt schließlich zum Erfolg. Ich stoße auf die marokkanische Internetpräsenz der Brüder Mohammad und Lahcen Ahansal. Auf der Seite finde ich den Hinweis, dass die beiden in Zagora, im Süden Marokkos, einen Wüstenmarathon über 42 Kilometer veranstalten. Zagora wirkt auf den Abbildungen der Seite wie einer der letzten Außenposten der Zivilisation. Eine Oasenstadt, die Abenteurern als Ausgangspunkt für ihre Sahara-Expeditionen mit Motorrad oder Jeep zu dienen scheint. Ich schreibe die Brüder an – auf Französisch –, und ziemlich schnell bekomme ich eine Rückmeldung von Mohammad Ahansal: Er antwortet auf Deutsch. Sein Deutsch ist perfekt, und er schreibt, dass er regelmäßig in Deutschland lebt und arbeitet. Weitere Mails gehen hin und her, und so erfahre ich, dass die beiden Brüder seit Jahren den *Marathon des Sables*, der auch in dieser Region stattfindet, dominieren. So wird Lahcen den *Marathon des Sables* insgesamt zehnmal in Folge gewinnen.

Ich bin vom Wüstenlauf-Virus infiziert und treffe eine Entscheidung, die mein Leben grundlegend verändern wird: Ich sage beim Marathon von Zagora zu. Die Antwort der Brüder lässt nicht lange auf sich warten: Die Könige des Wüstenlaufens freuen sich, mich bei ihrem persönlichen kleinen Wüstenmarathon begrüßen zu dürfen. Ich bin derart aus dem Häuschen, dass ich wochenlang über nichts anderes mehr sprechen kann als über die Wüste und die Brüder Ahansal. Zu diesem Zeitpunkt hatte ich schon einige City-Marathons hinter mir und meine Finisher-Zeit von 4:54 Stunden beim ersten Start auf 3:14 Stunden gebracht. Ich konnte also schon ein bisschen laufen, kam mir aber in diesem Moment vor wie ein blutiger Anfänger, der sich vor diesen Lauflegenden bloß nicht blamieren durfte. Nach vier Monaten intensiver Vorbereitung ging es los.

Ich steige in den Zug nach Frankfurt, und am Schalter der Royal Air Maroc fällt mir ein Reisender auf: Trailschuhe, Rucksack. Garantiert ein Läufer, und er sieht ziemlich schnell aus. Da ich ja immer noch keine wirkliche Ahnung habe, von dem was ich da in der Wüste vorhabe, spreche ich den Mann an. Und siehe da – er fliegt natürlich nicht nach Zagora. Läufer ist er schon, da lag ich richtig. Er ist jedoch auf dem Weg nach Nigeria, via Casablanca – zu einer viel schlimmeren Unternehmung. Er will ein 100-Kilometer-Rennen in den Bergen von Nigeria laufen. Der Lauf geht hoch bis 2400 Meter, wo es bitterkalt ist, während der Rest des Kurses eher bei 40 Grad Hitze stattfindet. Ungläubig und total fasziniert staune ich darüber, dass so etwas möglich ist und werde noch neugieriger auf das, was es wohl noch alles gibt in dieser verrückten Welt der Extremläufer. Auf dem Flug berichtet er weiter von seinen bisherigen, sehr unterschiedlichen Läufen. Dass er meist in Laufschuhen von Lidl startet, die er nach dem Rennen vor Ort verschenkt, von einer Messerstecherei im Hafen von Lagos, in die er beim letzten Mal geraten war und von seiner Vorliebe für Läufe in Ecken der Welt, die kaum ein Mensch kennt. Ich bin extrem beeindruckt. Ich höre durchgehend sehr aufmerksam zu, was normalerweise nicht zu meinen großen Stärken zählt.

Wir verabschieden uns am Airport Casablanca, und ich fahre in die Stadt, da ich sieben Stunden Aufenthalt habe. Casablanca ist die Wirtschaftsmetropole in Marokko und dementsprechend hässlich. Es gibt noch kleine Teile der Altstadt, die zum Bummeln und Verweilen einladen. Trotz aller Warnungen tue ich das, was ich auch später konsequent fortsetze: Ich esse einheimische Spezialitäten, in diesem Fall Hammelfleisch mit Gemüse aus der Tajine, einem aus Lehm gebrannten Schmorgefäß. Auf meinen späteren Reisen werde ich noch unter ganz anderen Umständen essen, und ich habe es nie bereut. Land, Leute, Kinder, die dazugehörige Kultur und Geschichte, das gemeinsame Essen und der Austausch mit den Menschen, das sind bis heute die Hauptgründe für meine kleinen Abenteuerreisen. Und wenn ich dann schon mal vor Ort bin, kann ich mit den Jungs und Mädels auch ein wenig laufen gehen.

Der Weiterflug am Abend ist kurz, und die Landung in Quarzazate, einer Stadt in der Region Souss-Massa-Draâ im Süden Marokkos, ist spektakulär. Es sieht aus, als würde man auf der Hauptstraße neben den Shops aufsetzen, so nah sind die Häuser an die Landebahn gebaut. Die französischen Besitzer eines größeren Anwesens mit diversen kleinen Zimmern holen mich nachts am Airport ab. Die Nacht wird unruhig, es ist sehr kalt, und die Elektroheizung springt mit viel Krawall im Zehnminutentakt an. Beim Frühstück lerne ich den Patron, der auf vielen Fotos im Restaurant verewigt ist, näher kennen. Er war aktiver Rallyefahrer und hat das berühmt-berüchtigte Motorsportspektakel *Paris–Dakar* mehrfach auf dem Motorrad gefinisht. Die bisherigen Kontakte auf meiner ersten kleinen Laufreise sind schon jetzt wirklich beeindruckend. Der Patron bringt mich zum Marktplatz, und wir führen einige Gespräche mit Taxifahrern und verhandeln über den Preis für die 160 Kilometer lange Fahrt durch die Wüste von Quarzazate nach Zagora.

Dass Sofian, so der Name meines Taxifahrers, uns schließlich ein Angebot über 50 Euro für die gesamte Strecke macht, liegt meiner Meinung nach vor allem an dem Hinweis, dass ich auf dem Weg zu den Ahansal-Brüdern bin, um bei ihnen zu laufen. Mohammad und Lahcen sind Nationalhelden in Marokko, so wie Uwe Seeler oder Franz Beckenbauer bei uns. Das Auto: ein Peugeot 504 Kombi; Kilometerstand: weit mehr als eine Million; das Baujahr: unbekannt; es gibt keine Papiere zu dem Auto. Willkommen in Afrika … Und das meine ich mit einem freundlichen Augenzwinkern. Die Straße folgt der Nationalstraße Nr. 9 über den südlichen Teil des Atlasgebirges. Manchmal fahren wir aber auch quer durch die Pampa, wenn die Flüsse mal wieder eine Brücke weggespült haben, auf deren Reparatur noch einige Jahre gewartet werden muss. Auf der Hälfte der Strecke biegt

Sofian plötzlich links von der Straße ab und fährt über einen Jeep-Track in Richtung einer kleinen Hofanlage, die wie eine Miniaturfestung aussieht. Spontan denke ich: »Das ist das Ende meiner Reise!« Ich traue mich gar nicht zu fragen. Gleich werden der bisher so freundliche Taxifahrer und ein oder zwei seiner Freunde vor mir stehen und mich fragen, ob ich ihnen mein Geld, Papiere und Ausrüstung freiwillig gebe oder ob ich erst noch verdroschen werden möchte. Ich suche schon nach entsprechenden Worten in meinem Französisch-Wortschatz, um meine unbedingte Kooperationsbereitschaft ausdrücken zu können. Doch alle meine Sorgen erweisen sich als unbegründet, als Sofian erklärt, dass er mich einladen möchte, um mit ihm und seiner Frau, seinem Sohn und seinen Schwiegereltern Tee zu trinken. Er sieht seine Familie meist nur einmal die Woche, da die Fahrtkosten zu hoch sind und er unter der Woche in Quarzazate in seinem Auto oder einem Zelt wohnt. Mir steckt der Schreck jedoch so tief in den Knochen, dass ich freundlich ablehne. Ich schäme mich heute schrecklich dafür. Ich hatte die typische Touristen-Paranoia. Aus diesem Moment habe ich viel gelernt. Nicht, dass ich seitdem jede Situation leichtfertig eingeschätzt habe, aber es sind solche Geschichten, die mein Leben – neben dem Laufen – unglaublich bereichert haben.

In Zagora angekommen gehe ich direkt in das Hotel, das Mohammad für mich organisiert hat. Verspielt, feudal, plüschiger Luxus – sehr viel Morgenland am frühen Abend. Ich mache mich ein wenig frisch und gehe noch mal raus auf die 800 Meter lange Hauptstraße. Schnell stellt sich heraus, dass das Touristen-Dasein nicht ganz so leicht ist in dieser kleinen Stadt. Viele Kinder mit vielen kleinen Begehrlichkeiten hängen an mir. Am nächsten Morgen wieder das gleiche Spiel beim Spaziergang durch das Dorf. Allerdings fällt mir einer der Kleinen besonders auf, da er, obwohl er einer der Jüngeren ist, doch viel zu sagen hat. Ich gebe ihm fünf Euro für die ganze Bande verbunden mit der Bitte, mich für den Rest des Tages im Gegenzug in Ruhe zu lassen. Ibrahim, so der Name des kleinen Anführers, kommt nach der Verteilung der Beute zu mir, und wir machen einen Deal. Er ist von nun an mein persönlicher Reiseführer und exklusiver Bodyguard und bekommt dafür täglich einen fairen Obulus. Das funktioniert in den folgenden beiden Tagen perfekt. Es stellt sich heraus, dass Ibrahim sogar einige Sätze Deutsch kann, also kümmern wir uns verstärkt um seine Deutschkenntnisse. Er berichtet mir von seinen Zukunftsplänen: Wie sein Idol Mohammad Ahansal will er nach Deutschland, um bei Audi in Ingolstadt zu arbeiten. Ein guter Plan.

Die zwei Tage zur Akklimatisierung und Erkundung der Ausläufer der Sahara vergehen wie im Flug. Am Tag des Starts treffen sich am frühen Morgen alle Teilnehmer auf der Hauptstraße. Das ungefähr 100 Läufer starke Feld besteht vor allem aus hochmotivierten jungen Männern sowie einigen jungen Frauen, ein paar Lauftouristen aus Frankreich und drei Deutschen. Die marokkanischen Läufer starten in allem, was gerade noch dem Oberbegriff Schuh entspricht: Sandalen, Schlappen, Flip-Flops, Fußballschuhe und sonstige »Laufschuhe«. Das ist Natural Running, denke ich, lange bevor der Begriff bei uns die Runde macht. Ich hatte mich monatelang gefragt, welchen Schuh ich am besten für das Rennen nehme und konnte bis zum Start keine für mich beruhigende Entscheidung treffen. Bei diesem Anblick denke ich darüber nach, was wir doch für Snobs sind. Der Start ist ein hektisches Gewusel, aus dem ich mich raushalte. Nicht, weil ich so clever bin, sondern weil ich immer noch ehrfurchtsvoll meine Kräfte schonen will für diesen schwer einzuschätzenden Wüstenlauf. Wir kommen durch die kleinen Oasen rund um Zagora, in denen Mütter mit ihren Kindern am Wegrand stehen und uns zuwinken. An den Lauf selbst kann ich mich später eigentlich gar nicht so genau erinnern. Aber diese unglaubliche Freude entlang der Strecke, die Kinderaugen, das Abklatschen ihrer Hände und das Lachen – das kann ich heute noch alles ganz genau vor meinem geistigen Auge sehen. Ohne dass es mir in diesem Moment bewusst ist, berührt es etwas von früher in mir. Das wird mir aber erst Jahre später klar werden. Auf jeden Fall ist es der Beginn meiner ganz großen Liebe für Afrika.

Von den Oasen geht es raus in die Wüste. Wir durchqueren die Ausläufer der Saharadünen. Einige der Fußballer müssen ihrem jugendlichen Übereifer Tribut zollen. Einer der Jungs liegt im Sand und hat einen massiven Krampf im Oberschenkel. Das ist bitter, und ich kann ihm nicht richtig helfen. Er fragt mich nach Schokolade. Ich biete ihm meinen Energieriegel an und erkläre ihm, dass der gut ist gegen Krämpfe. Er bedankt sich nach dem Zieleinlauf bei mir mit dem Hinweis, dass er dank des »Kekses« schnell wieder laufen konnte. Gegen Ende des Rennens bin ich immer noch sehr gut gelaunt. Klar, es ist heiß und es gibt ein paar Sanddünen – aber auch hier wird nur mit Wasser gekocht.

Drei Kilometer vorm Ziel gibt es einen steilen Berg. Einmal rauf und danach noch zwei Kilometer zur Ziellinie. Ich laufe zügig hoch und treffe auf Walter, der Mühe hat, den Anstieg zu bewältigen. Ich stoppe und gehe solidarisch mit ihm den Berg hinauf. Oben angekommen, frage ich ihn, ob wir zusammen Richtung Ziel laufen sollen. Statt einer Antwort zieht er an mir vorbei und »brettert« den Berg hinunter und über die Hauptstraße Richtung Ziellinie. Zurückgelassen und etwas ratlos frage ich mich, ob sich gerade meine Illusion zum Thema »Solidarität« in der Welt der Trail-Läufer in Luft aufgelöst hat – oder ob Walter ganz einfach nur aufgrund einer gewissen teutonischen Grundverspanntheit irre ist. Auf Walter trifft die zweite Vermutung zu. Für viele andere kann ich sagen: Trail-Läufer sind anders, definitiv cooler – auch heute noch.

Nach dem Zieldurchlauf erwartet mich ein sportlich überschaubares Ergebnis, das jedoch eine große Wirkung erzielt: Ich bin 4:20 Stunden unterwegs und komme auf Platz 26 ins Ziel. Ich bin unglaublich froh, dass ich mich auf den Weg zu diesem Rennen nach Afrika gemacht habe. Warum ich so glücklich bin, kann ich nach der Zielankunft noch gar nicht wirklich beschreiben. Bisher waren Zielzeiten und Platzierungen der alleinige Gradmesser für meine Gefühlslage nach einem Rennen. Mir ist trotzdem nicht sofort klar, dass gerade etwas Enormes in mir und mit mir passiert ist.

Eine Leidenschaft wird geboren

Zum Laufen bin ich im Jahre 2002, wenn man so will, ein wenig ungewollt gekommen. Folgende Situation stellte sich damals ein: Ich befand mich gezwungenermaßen in der Waagerechten, auf einer Liege im Krankenhaus. Um mich herum Monitore, deren Piepen mich in den folgenden Stunden begleitete. Vor mir stand ein Arzt und teilte mir mit, dass ich wegen des Verdachts auf Herzinfarkt vor ihm liege. Panik! Was war passiert? Ich war Anfang 40 und führte ein wildes Leben als Konzertveranstalter und Künstlermanager. Parallel dazu war ich zehn Jahre als DJ unterwegs gewesen. All das hatte in der Kombination zu einer Überlastung meines Organismus geführt. Ein Warnschuss!

Aber es schien ja gerade noch mal gutgegangen zu sein. Wie so oft in meinem Leben. Wie viele Zigaretten, Kaffee und Alkohol verträgt der Mensch? Sporttreiben war damals ganz weit weg. Nach einer gefühlten Ewigkeit bekomme ich schließlich die Diagnose: Herzmuskelentzündung, verursacht durch eine verschleppte Viruserkrankung. Zeit, das Leben zu ändern – und zwar grundlegend. Dass dies nicht so einfach ist, merke ich in den Wochen der Regeneration. Zu sehr bin ich noch in alten Strickmustern gefangen. Ich hänge noch zu sehr an den Drogen, und einfach nur gesünder essen reicht nicht. Ein in den vorangegangenen Jahren ziemlich abwegiger Gedanke reift in dieser Zeit zu einem festen Vorhaben: Sport, ich werde wieder Sport machen.

Ein paar Wochen später treffe ich mich mit meinem besten Freund Jochen am Geißbockheim in Köln zu meinem ersten Lauf. Die erste sportliche Betätigung seit Ewigkeiten. Nach meinem Sportabitur hatte ich die Tasche in die Ecke geschmissen – das war's. Hier stehe ich nun 20 Jahre später. Neue Schuhe, neue Klamotten, Motivation ganz groß und dann die sofortige Ernüchterung: Nach knapp drei Kilometern verordnet mir Jochen eine Gehpause. Mein Kopf hochrot, Kommunikation unmöglich, und Jochen sagt zu mir – ich weiß es noch, als wäre es gestern gewesen: »Du glaubst gar nicht, wie langsam die Kenianer trainieren.« Wahnsinn! Jochen bereitet sich zu dieser Zeit auf seinen ersten Marathon vor – was er aber bisher recht geheim gehalten hatte. Ich rauche und trinke zu diesem Zeitpunkt noch. Solidarisch wie ich nun mal bin, biete ich nach einigen Wochen an, den Marathon mitzulaufen.

Drei Monate später stehe ich an der Startlinie des *Köln-Marathon* und denke, wie schon öfter mal in meinem Leben: »Du machst jetzt gleich etwas, was eigentlich gar nicht geht.« Nach fünf Stunden komme ich ins Ziel – unfassbar! Nach dem Lauf setzen wir uns zusammen in die Badewanne und trinken Weizenbier! Wir fühlen uns wie die »Größten«. Ganz klein sind wir am folgenden Tag. Wir hatten uns wohlweislich freigenommen, wollten einen Tag in der Sauna regenerieren. Eine ebenerdige Sauna wäre in dem Fall eine lohnende Sache gewesen. Im Kurbetrieb in Bad Honnef sehen uns die Rentner mitleidig zu, wie wir rückwärts die Treppen 'runtergehen müssen. Vorwärts ist es den Helden des Vortages leider nicht möglich. Diese Schmerzen! Aber: Schmerz vergeht und ist ja auch nicht unbedingt schlecht. Zumindest für die Erinnerung. Und was wäre das für ein erster Marathon gewesen, wenn man ihn einfach so, ganz locker und ohne Mühen, absolviert hätte.

Unser Gefährte Raoul bei der Ankunft in der Wüste Namib.

Namibia | 250 Kilometer | Wüste Namib | Desert Ultra Race 2013

Am Ziel der Träume

War der *Köln-Marathon* in 2002 mein Einstand und langsamstes Rennen, wurde das *Desert Ultra* in Namibia 2013 ein schnelles und wohl mein bester Lauf bis dato.

Am Meetingpoint in Windhoek treffe ich das erste Mal auf Raoul aus Stuttgart. Er ist etwa 35 Jahre alt, grünbraun, vierradgetrieben, bietet Platz für 20 Menschen und wird von einem Mercedesstern geschmückt. Ein Off-road-Bus wie aus dem Abenteuerroman. Raoul wird das Herzstück unseres Basiscamps für die folgenden sieben Tage in Namibia. Er sorgt für Schatten, für die Unterbringung der Zelte, für das lebensnotwendige Wasser und dient als Transportfahrzeug der Crew.

Beyond the Ultimate heißt der Veranstalter aus England – unter seinem Logo der Slogan »Nothing tougher«. Das wird sich im Lauf dieses Rennens bewahrheiten, da die Hälfte der Teilnehmer aus USA, Korea, Europa,

Angola oder Kanada das Ziel nicht erreichen werden. Alle, die sich an diese Premiere zu einem 250-Kilometer-Lauf in fünf Etappen in Namibia wagen, sind wie immer schnell auf einer Wellenlänge – Irrsinn verbindet. Was uns auch eint, ist die große Neugierde, dazu kommt die Bereitschaft zum Risiko. Wir sind die ersten, die diese Region läuferisch erkunden werden. Für den Veranstalter eine Herausforderung, da die Logistik noch nicht so eingespielt ist. Das wird im Laufe des Berichts noch deutlich werden. Die Aufgabenstellung: 250 Kilometer in fünf Etappen zu 43/57/37/100 und 15 Kilometer. Eine Etappe wird jedoch ausfallen müssen, da Unvorhergesehenes passiert. Wir laufen in Selbstversorgung mit Rucksack, in dem sich Schlafsack, Essen, Kleidung und Sicherheitsausrüstung für eine Woche befinden. Der Veranstalter stellt nur Zelte und Wasser. Das Gewicht variiert zwischen 5,8 bis elf Kilogramm. Jeweils nach zehn Kilometern passieren wir einen Checkpoint, an dem wir bis zu zweieinhalb Liter Wasser erhalten. Das Camp, das wir morgens verlassen haben, ist bei unserer Ankunft nach dem Lauf bereits wieder an einem anderen Ort aufgebaut.

Raoul bringt uns in einer fünfstündigen Fahrt durch halb Namibia sicher zum Bergmassiv Spitzkoppe im Nordwesten. Wir beziehen unsere Zelte und bestaunen die Berge in der untergehenden Sonne. Die Nacht wird kalt, und mein Versuch, mit dem leichtesten Schlafsack und ohne lange Hose und langärmeliges Shirt diesen Lauf zu planen, muss abgebrochen werden. Ich kann vor Kälte nicht schlafen und packe am nächsten Morgen noch einige Dinge aus meinem Koffer in den Rucksack um. Mit anschließenden 5,8 Kilogramm Gesamtgewicht zählt er dennoch zu den leichtesten.

Als wir Sonntagmorgen um 6.30 Uhr endlich starten ist es vergleichbar mit einer Herde Jungpferde, die man ein paar Tage nicht auf die Wiese gelassen hat. Ich kenne das schon, warte die ersten fünf Kilometer ab und siehe da: Sie haben sich auch schon ausgetobt. Wegmarkierungen sind kaum vorhanden. Die Anweisung lautet: »Bis zu dem Berg da vorn und dann rechts.« Das scheint auch erst einmal zu klappen. Alan Leed aus Dänemark, der bereits beim *Mountain Ultra* in den USA auf Platz vier einlief, macht die Pole. Ich folge, und hinter mir läuft Andrew Clarke aus Wales, der in Angola lebt. Bis dahin alles entspannt. So wollte ich das auch am ersten Tag haben. Bloß keine unnötige Energieverschwendung – oder wie ich gern sage: »Don't kill yourself on the first day!«

Meine immerwährende Suche nach dem perfekten Rennen findet auch dieses Mal am ersten Tag ein frühes Hindernis. Die vom Veranstalter gewählten mutigen und großen Abstände zwischen den Markierungen und meine immer ungewollt wiederkehrenden selbsthypnotischen Zustände beim Laufen schicken mich auf den falschen Weg. Aufgrund der spärlichen Markierungen fällt mir zunächst auch nichts Negatives auf. Erst als ich auch keine Fußspuren mehr sehe, werde ich hellwach. Ich spüre deutlich schlechte Laune in mir aufsteigen, will mir aber nicht gleich zu Anfang die Stimmung verderben und schiebe aus diesem Grund die Schuld auf mich. Damit kann ich immer gut umgehen. Schuldigen gefunden und weiter geht's. Umdrehen, Strecke finden, weiterlaufen.

Schließlich entdecke ich in einiger Entfernung auf einem Berg eine gelbe Flagge. Dort angekommen, folgt direkt die nächste große Enttäuschung: keine weitere Markierungen bis zum Horizont in Sicht. Geprägt vom letzten Malheur beschließe ich, auf weitere Läufer zu warten. Andrew und Alan sind mittlerweile über alle Berge – ich weiß nur leider nicht, über welche ... Der Engländer sagt an dieser Stelle schon mal: »It feels good to be lost in the right direction.« Stimmt im Allgemeinen für Ultralaufen. In diesem Moment mag ich aber nicht zustimmen.

Als Edwin und Camilla ankommen, ändert sich zunächst nichts an der Situation. Beide sind jung und haben gute Augen, aber auch sie finden keinen Anhaltspunkt. Wir entscheiden uns dazu, in Fächerform auseinanderzulaufen und finden eine Straße, die sich – Gott sei Dank – als Teil der Strecke herausstellt. Das Thema »Markierungen« wurde in den darauffolgenden Tagen eindeutig besser. Ich laufe nach 43 Kilometer mit 40 Minuten Verspätung auf die beiden Führenden ein.

Anderen ist es an diesem Tag weitaus schlechter ergangen: Neil Roche aus Irland geht verloren, wird aber noch am selben Tag gefunden. Georg Evetts stürzt so schwer, dass er mit Verdacht auf Armbruch ins Krankenhaus muss. Patrick aus Kanada wird auf dem Weg zur Ziellinie von Ganzkörperkrämpfen geplagt. Ich erkenne das schon von Weitem, laufe ihm entgegen und nehme ihm den Rucksack ab. Wir legen ihn hin, und unser fabelhaftes Ärzteteam kümmert sich sofort um ihn. Ich bringe ihm meinen Schlafsack und sogar eine Mütze, da sein einsetzender Schüttelfrost uns Sorgen macht. Er ist vollkommen dehydriert – trotz Salzaufnahme und viel Wasser während des Rennens waren die Hitze und die Härte der Strecke zu viel für ihn – wie für andere auch. Teilweise wurden während der Woche 46 Grad auf der Strecke gemessen. Der Krankenwagen wird gerufen und bringt auch Patrick ins Krankenhaus.

Patric aus Kanada ist vollkommen dehydriert am ersten Tag.

Währenddessen sind der Veranstalter, die Crew, Fährtenleser, ein Flugzeug und weitere »Local Special Forces« auf der Suche nach Dennis Grüne aus Wuppertal. Er war gegen Mittag vom Kurs abgekommen, und langsam wurde es dunkel. Es ist sein erster Start bei einem Etappenlauf in der Wüste. Dennis ist ein guter Läufer mit Erfahrung aus dem *Transalpine*-Lauf und diversen 24-Stunden-Läufen. Der 26-jährige Ernährungswissenschaftler lief bis kurz hinter dem Checkpoint eins immer neben mir, und mein Eindruck war, dass dieser Wüstenlauf eine vielversprechende Premiere für ihn werden könnte. Doch auch er wurde Opfer der großzügigen Streckenmarkierung, und alle Bemühungen, ihn vor der Dunkelheit zu lokalisieren, scheitern an diesem Tag. Wir sind alle sehr besorgt, müssen aber die Suche in der Dunkelheit unterbrechen.

Am folgenden Morgen kommt zusätzlich noch der Polizeihubschrauber aus Windhoek zum Einsatz, der Dennis gegen Mittag findet und wieder ins Camp zurückbringt. Ein paar kleine Freudentränen meinerseits: Er lacht und scheint es gut überstanden zu haben. Die Ärzte hängen ihn trotzdem an

Dennis Grüne ist vom Kurs abgekommen.
Für die Suche nach ihm wird ein Polizeihubschrauber aus Windhoek angefordert.

den Tropf, da er seit 24 Stunden kein Wasser mehr zu sich genommen hat. Da trotz einiger Infusionen kein Urin kommt, wird ein weiterer Krankenwagen angefordert, der Dennis zur Nierenuntersuchung ins 300 Kilometer entfernte Swakopmund bringt. Der Veranstalter *Wes Crutcher* und sein Team haben an dieser Stelle einen guten Job gemacht.

Mit Dennis war ich am Abend vor dem Rennen noch in Windhoek unterwegs gewesen und wusste seitdem, dass er ein »Guter« ist. Aber für ein derart schweres Rennen ist er auch noch sehr jung. Nach dem Lauf haben wir uns viel unterhalten – auch über sein Malheur. Er hat viel aus dieser Situation gelernt und sagte, er habe es die ersten Stunden gar nicht realisiert, dass er verlorengegangen sei. Am Checkpoint habe man ihm gesagt »Immer weiter in diese Richtung«. Er stellte sogar seinen Kompass auf diese Anweisung hin ein. Und so erzählt er mir, dass ihm gegen Mittag das Wasser ausging und er dennoch weitermarschierte. Nachmittags legte er sich unter einen Baum in den Schatten um Energie zu sparen. Gegen Abend sah er dreimal das Flugzeug, das ihn aber nicht orten konnte. Dennis fand

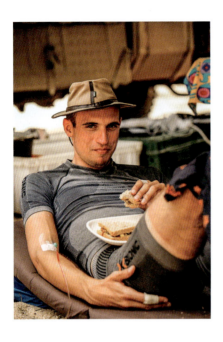

Das Führungsduo – Alan Leed und ich in den Weiten der Wüste Namib (rechts).

Die Suche hatte Erfolg. Dennis wird nach 24 Stunden ohne Wasser ärztlich versorgt und muss an den Tropf.

daraufhin eine alte Hütte und stellte sich auf eine Nacht in seinem neuen Domizil ein. Er ging davon aus, dass der Pilot ihn gesehen hat, was ihm Gott sei Dank Entspannung für die Nacht gab.

Das Wasser ist ausgegangen und Dennis ist etwa 50 Kilometer vom Kurs abgekommen. Nun hilft ihm seine Ausbildung zum Ernährungswissenschaftler: Er nutzt seinen eigenen Urin, um Flüssigkeit in seinen Körper zu bekommen. Um den Geschmack zu optimieren, mischt er Energizer mit Erdbeergeschmack dazu. Die Nacht bringt viele neue Geräusche, keine Gefahren – aber auch keinen Schlaf. Am nächsten Morgen entdeckt er eine Ziegenherde und trinkt Wasser aus ihren Trögen. Er findet später zwei Wellblechhütten mit Farmern, die zu den Tieren gehören. Hier bekommt er endlich frisches Wasser. Bei diesen beiden Hütten findet der Helikopter auch unser »verlorenes Schaf« und bringt es zurück ins Camp. Das Rennen wurde an diesem Tag wegen der intensiven Suche unterbrochen und einen Tag später wieder fortgesetzt.

Aus den Krankenhäusern kamen die Signale, dass alle wieder gesund werden. Wir konnten morgens aufatmen und wieder losrennen. Mein zum Teil selbstverschuldeter schlechter erster Tag hing mir noch nach, und ich

ging ziemlich geladen an den Start. Wer mich kennt, der weiß, dass ich in der Not für alle ansprechbar bin und sowieso immer Verständnis für alle Seiten aufbringe. Manchmal geht es so weit, dass ich nicht mehr genau weiß, wie meine Meinung zu einem Sachverhalt anfangs war. Aber wenn ich mir etwas in den Kopf setze, kann ich ernsthaft anstrengend werden und zum sturen Esel mutieren. Um dieses Rennen noch zu drehen, muss ich Andrew Clarke und Alan Leed sofort attackieren!

Etappe zwei geht heute eher über unebene Wege, auf denen aber zügiges Laufen möglich ist. Einige Abschnitte laufen wir auch querfeldein. Ich kann viele Kudus (Antilopenart), Springböcke und Strauße sehen. Einer der Läufer berichtet am Abend von einem Geparden. Nach Checkpoint zwei muss der führende Andrew Clarke abreißen lassen, und ich bin mit Alan Leed und Michele Ufer aus Deutschland unterwegs. An Checkpoint drei und vier müssen alle Läufer nach einer neuen Vorgabe des Veranstalters eine zehnminütige Zwangspause einlegen. Die Ärzte haben Sorge wegen der großen Hitze und den daraus resultierenden Ausfällen im Teilnehmerfeld. Ich betrachte das Rennen nun aus einer neuen Sicht: Ich baue mir das um in zwei schnelle 10-Kilometer-Läufe mit Trinkpause und laufe den Kollegen davon. An diesem Tag bin ich so schnell unterwegs, dass ich zwischenzeitlich auf das »Course Making Team« auflaufe. Die Helfer zeigen mir den Weg per Handzeichen. Der Guide auf dem Gipfel sagt: »Siehst du den Weg da unten im Tal? Von dort sind es nur noch drei Kilometer zum Ziel.« Ob ich rechts oder links laufen muss, kann er mir nicht sagen. Okay, manchmal muss man auch ein bisschen Glück haben. Ich nehme Alan 20 Minuten und dem führenden Andrew sogar 50 Minuten ab. Michele Ufer hat Spaß an der Veranstaltung gefunden und seine Knieprobleme des ersten Tages überstanden. Er kommt heute als Zweiter mit 20 Minuten Abstand hinter mir ins Ziel. Ein langes Flusstal mit sehr weichem Sand, in dem die Hitze stand, hat allen arg zugesetzt. Für mich war es die Stelle, an der ich wusste, dass der Ausgang dieses Rennens noch offen ist.

Am nächsten Morgen starten wir bei Sonnenaufgang auf die 35 Kilometer lange Etappe entlang des Brandberges, der sich auch die Ehre gibt, in der aufgehenden Sonne ganz in Rot zu erscheinen. Daher auch der Name »Brandberg«. Eine extrem beeindruckende Kulisse, an der wir entlanglaufen. Diese Etappe ist ja eher eine Sprintdistanz. Von den Höhen des Berges geht es runter in ein großes Flussbett. Der junge Edwin Snippe ist mein Begleiter bei diesem zügigen Ritt ins Tal. Alan und Andrew können das hohe Tempo nicht halten und kommen fünf Minuten später rein. Unser Lager ist angeblich umgeben von Elefanten. Überall sieht man die Spuren. Ich gehe auch in den kleinen Wald, in dem sie alles zerlegt haben, aber es ist nichts zu sehen. Unser Truck hat sich im Flussbett festgefahren, und es gibt erst später am Tag heißes Wasser und Zelte. Der Lkw bekommt hier seinen Spitznamen von mir. Bei dem Versuch, das Vierradmonster aus dem sandigen Flussbett rauszufahren, rufen der Motor und die eingegrabenen Räder zusammen immer und immer wieder »RAOOUUULLL, RAOOUUULLL«. In diesem beeindruckenden Moment steht mein Entschluss fest: Wenn ich groß bin, werde ich »Raoul« kaufen und mit ihm durch Afrika fahren. Mittlerweile ist nur noch die Hälfte der Teilnehmer in der Wertung. Selbst Mimi Anderson, vielfache Weltrekordhalterin im Ultrabereich, ist verletzungsbedingt ausgestiegen. Eine Ausfallquote von 50 Prozent unterstreicht den Slogan »Nothing tougher«.

Die letzte Etappe über 100 Kilometer startet mit dem ersten Sonnenstrahl, der die Erde erreicht. In der Gesamtwertung liegen Alan und ich sehr dicht beieinander. Er ist mit zwei Minuten Vorsprung auf Platz eins, ich folge auf Platz zwei und schon 20 Minuten später kommt Andrew Clarke. Die

Im Schatten von Raoul wird im Flussbett unser »Fußlazarett« aufgebaut.

übliche Fünfergruppe läuft zusammen vorneweg, und bevor es zu den Dünen kommt, sind Andrew und ich schon mit leichtem Vorsprung unterwegs, der am Ende der Düne auf 20 Minuten angewachsen sein wird. Wir gewinnen gemeinsam die »King of the Dunes«-Etappe und sind die schnellsten Läufer in den Dünen zwischen Checkpoint zwei und vier. Das Tempo ist ungewöhnlich hoch für eine 100-Kilometer-Etappe in der Wüste. Klar ist, dass Andrew seinen 20-Minuten-Rückstand in der Wertung zu Alan aufholen möchte, um doch noch den zweiten Platz zu erreichen oder zu gewinnen. Ich hingegen habe den Plan, ihn zu kontrollieren und in seiner Nähe zu bleiben.

Andrew zieht zwischendurch immer wieder an, was unser Tempo sehr unruhig macht und Kraft kostet. Um dem ein Ende zu setzen, zeige ich ihm zwischen Checkpoint vier und fünf, dass ich in der Lage bin, ein durchaus höheres Tempo zu laufen. Den Versuch, an mir dranzubleiben, muss er nach 15 Minuten mit einer längeren Gehpause beenden. Danach warte ich kurz auf ihn. Wir besprechen uns und beschließen, das Rennen von nun an zusammen zu laufen und auch gemeinsam zu finishen. Den Rest des Tages unterhalten wir uns beim Laufen viel über Familie, Job, Laufen und Afrika. Er lebt in Luanda in Angola und bildet dort für BP Mitarbeiter aus. Ich

erfahre, dass Luanda eine der teuersten Städte der Welt ist. Sein Arbeit-geber zahlt für die 90-Quadratmeter-Wohnung, in der Andrew und seine Frau Vanessa wohnen, 25 000 US-Dollar Miete pro Monat.

Zwischen Kilometer 60 und 80 laufen wir durch die totale Marsland-schaft. Nur Steine in Rot. Und jeden Moment warten wir darauf, dass eine Filmcrew mit einsatzfähigen Mondfahrzeugen auftaucht. Die Steine spei-chern die Energie der Sonne, und nun kommt auch die Hitze vom Boden durch die Schuhe. Auf den letzten 20 Kilometern müssen wir immer wieder Gehpausen einlegen, da es ohne Wind in den wunderschönen kleinen Tälern unerträglich heiß wird. Vor meinem geistigen Auge erscheinen ständig Ge-stalten, die mich an Winnetou und Old Shatterhand erinnern. Es wird Zeit, dass das Ziel in Sichtweite kommt, da die ersten leichten Halluzinationen einsetzen. Die letzten zehn Kilometer machen wir im Dunkeln. Ich liebe es, jetzt zu gehen. Der klare Sternenhimmel, die totale Ruhe und die Gewiss-heit, dass mich die Wüste wiederhat, lassen mich in diesen Momenten sehr ruhig werden. Ich will mich gebührend von der Namib verabschieden. Wir

Noch 100 Kilometer bis zum Ziel, Schulter an Schulter mit Andrew Clarke (links).

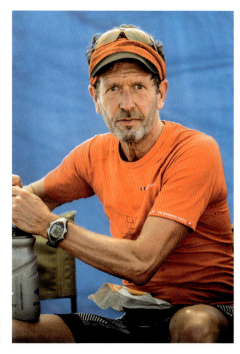

Ende eines Wüstenlaufes: müde, gut, gewonnen!

gehen – anstatt zu laufen – die letzten fünf Kilometer in aller Ruhe gemeinsam ins Ziel. Kurz hinter der Ziellinie liegen wir uns in den Armen ...

Ich habe die 250 Kilometer in der Namib-Wüste gewonnen. Das muss ich mir immer wieder deutlich machen, da diese Information zumindest in der ersten Zeit nach dem Rennen eher nur von außen auf mich einwirkt. Wie schon erwähnt, komme ich emotional mit dem Sieg lange Zeit nicht klar. Mir fällt es schwer, mich über das Erreichte zu freuen. Es war vielleicht das schwerste Rennen in meiner Läuferkarriere, schwerer noch als die 200 Kilometer nonstop durch Libyen im Jahre 2008. Seit vielen Jahren war ich auf der Suche nach dem perfekten Rennen, und Platz eins erschien im ersten Moment wie das Ende dieser Suche. Vielleicht erklärt sich dadurch auch ein kurzer Moment der Angst. Die Befürchtung, angekommen zu sein und Ziele neu definieren zu müssen.

Eine andere Geschichte beeindruckte mich in diesem Moment jedoch weit mehr: Ich war das erste Mal einer der ältesten und erfahrensten Läufer im Teilnehmerfeld eines Wüstenlaufs. Wahrscheinlich war ich auch dadurch des Öfteren Ansprechpartner für andere Läufer zwischen den einzelnen Etappen in der Wüste Namib. Am Rande der Siegerehrung bedankten sich zwei Läufer in einem sehr bewegenden Moment für meine Unterstützung in dieser Woche, als sie am Ende waren und aufgeben wollten. Damit hatte ich nicht gerechnet, und dieses Mal konnte ich meinen Gefühlen freien Lauf lassen. Mit Tränen in den Augen lagen wir uns in den Armen. Dadurch wurde auch wieder eine besonders schöne Seite dieses Extremsports sehr deutlich: Bei dem, was wir Läufer in einer derartigen Woche erleben und leisten, geht es nur am Rande um Langstreckenläufe. Jeder Einzelne geht bei solchen Läufen auf eine persönliche Entdeckungsreise. Wir alle haben Fragen, die unsere Persönlichkeit und unser Leben betreffen. Diese langen Läufe können viele davon beantworten.

Stell dich mal ins Ziel beim *Marathon des Sables,* wenn eintausend Läufer nach einer Woche in der Sahara die Ziellinie überqueren: So eine Riesenmenge von Menschen, die sich in ihrem Glück in den Armen liegen und hemmungslos heulen, hast du noch nicht gesehen. Wenn nur alles im Leben so einfach wäre wie 250 Kilometer durch die Wüste zu laufen.

Ultralaufen – Bereicherung meines Lebens

Ich bin Marathon gelaufen, habe einen *Ironman* gefinisht und war früher Langstreckenreiter. All dies ist jedoch nicht vergleichbar mit den Erfahrungen, die ich beim Ultralaufen sammeln konnte.

Wer neben des sportlichen Erlebnisses auch auf der Suche nach sozialer Akzeptanz ist, ist bei den Citymarathons und im Triathlon gut aufgehoben. Die Zuschauer an der Strecke, die Familie und Freunde beim Zieleinlauf, alle teilen sie die Begeisterung. Bei den Ultras findest du Anerkennung meist nur unter den Ultraläufern – und wenn es klappt bei dir selbst. Ein Großteil der Menschen betrachtet dich jedoch als Sonderling und vermutet Irrsinn, Sucht und andere krankhafte Gemütslagen als Ursachen für die gewählte Sportart. Allein der Zieleinlauf ist schon sensationell unspektakulär. Oftmals kommst du ins Ziel und es sind nur zwei Leute von der Crew da – und sonst keiner. Ein anderes Beispiel ist das, was bei einem Extremlauf in Kanada passiert ist: Am Ziel fanden die Teilnehmer nach 400 Kilometern durch Eis und Schnee nur eine Telefonzelle vor. Es war kein Mensch da, und um die Zielankunft zu bestätigen, musste man aus der Zelle eine bestimmte Telefonnummer anrufen. Ein Highlight!

Extreme Läufe draußen in der Natur sind eine lebensverändernde Erfahrung. Ich habe mittlerweile zehn große Wüstenrennen gefinisht und noch niemanden getroffen, der sich nach einem derartigen Erlebnis nicht »reicher« fühlte. Bei meinem ersten Start in der Wüste sagte mir der erfahrene Läufer Volker Voss, heute der Ehren-Opa meiner kleinen Tochter: »Wenn du in die Wüste gehst, kann es passieren, dass du als ein anderer Mensch zurückkommst.« Lass ihn mal erzählen, den Mann, dachte ich damals. Ich gehe dahin, um zu laufen. Am Ende aber hatte er Recht.

Der Umgang mit den Themen Hitze, Hunger, Schmerzen, Durst, Dehydrierung, Halluzinationen, Kälte und den daraus entstehenden Krisen, zusätzlich das Ganze in einer vollkommen fremden Umgebung bei Tag oder auch in der Nacht. Das sind deine eigenen persönlichen Erfahrungen. Unschwer nachzuvollziehen, dass im nächsten Business-Meeting Aussagen von Kollegen wie »Wir haben hier ein gravierendes Problem!« eine andere Bedeutung haben als vorher.

Wir Deutschen lieben Konzepte, machen daraus konkrete Planungen und setzen diese um. Eine besondere Tugend hierzulande, für die wir weltweit geschätzt werden. Gehst du in die Wüste oder in ein anderes Extremlaufabenteuer, ist es gut, einen Plan zu haben. Aber die Bereitschaft, diesen Plan jede Minute des Rennens in die Tonne zu kloppen und diese Änderung nicht als Niederlage, sondern als Chance zu sehen, macht den Unterschied. Oftmals gewinnen nicht die schnellsten Läufer solche Rennen, sondern die, die schnell auf Veränderungen reagieren können und somit die wenigsten Probleme in dieser Woche haben.

Ultrarunning ist auch nicht eine Domäne für die Supersportler, wie gern vermutet wird. Ich habe viele Menschen Ultras finishen sehen, die nach gängigen Vorstellungen zu groß, zu alt, zu dick oder zu dünn waren und trotzdem für sich gewonnen haben. Diesen gilt auch immer mein größter Respekt. Während die »Top-Platzierten« in der Wüste bei Etappenläufen in der Regel gegen Mittag bereits im Ziel sind, verbringen diese Läufer in der sengenden Mittagshitze bei teilweise mehr als 50 Grad noch Stunden auf der Strecke. Das sind die wahren Helden des Trails. Es gibt eine ganz alte Tradition bei den Wüstenläufen, dass am Ende der langen Etappe, die meist über zwei Tage geht, alle Läufer und Crew-Mitglieder im Lager zur Ziellinie kommen und unter großem Jubel den zuletzt Ankommenden empfangen. Diese Geste steht bei mir sinnbildlich für das Besondere beim Ultratraillaufen.

Marathon des Sables

Schon viele Kilometer vor der Ziellinie beim *Zagora-Marathon* (meinem ersten Wüstenmarathon) steht der Entschluss fest, den *Marathon des Sables* (kurz: *MdS*) anzugehen. Der berühmte Wüstenlauf in der marokkanischen Sahara, dessen Bild auf einem Laufmagazin mich überhaupt zum Wüstenlaufen animiert hat. Für dieses Vorhaben nehme ich kurz nach meiner Heimkehr vom *Zagora-Marathon* Kontakt mit der deutschen Repräsentantin des *MdS*, Anke Molkenthin, auf.

Wir verstehen uns auf Anhieb blendend. Anke selbst hatte den Wüstenlauf 1997 in der Frauenwertung gewonnen und erzählt begeistert von den Abenteuern in der Wüste. Einige Wochen später fülle ich die Vertragsunterlagen aus. Kurz darauf meldet sie sich zurück. Ihr ist der Grund für unseren guten Draht nun klar – wir sind am gleichen Tag geboren. Zufälle gibt's, oder halt auch nicht. Es liegt »zwillingsmäßig« was in der Luft, aber irgendwie leben wir auch in den verschiedensten Ecken Deutschlands.

Traditionell gibt es eine Einführungsveranstaltung für alle *MdS*-Interessierten bei Anke auf einer kleinen Almhütte. Zum Treffen fahre ich mit Bruno nach Bayern. Zu der Zeit mache ich Triathlon, und Bruno ist einer der Chefs des Vereins. Ein ehemaliger Altersklassen-Vizeeuropameister aus der Zeit, als der *Ironman* noch Langdistanz hieß. Als ich ihm vom *MdS* erzähle, ist er sofort begeistert und erklärt, dass er sich auch schon mal dafür interessiert hat. Nun möchte er die Chance nutzen und mitkommen. Ich weiß noch genau, wie ich an dem Tag nach Hause komme und meiner Frau Susanne erzähle, wie sehr mich das nicht freut. Ich habe nix gegen Bruno, und zunächst ist mir nicht klar, was mich daran eigentlich stört. Jahre später wird mir bewusst, dass es auch die Reise ganz allein durch die Welt ist, die meine Abenteuer ausmachen.

Bei der Veranstaltung lerne ich Volker Voss kennen. Ich hatte mir im Vorfeld Filme zum *MdS* besorgt, und in diesen ist mir immer ein älterer Läufer mit weißem Bart und schwarzem Turban besonders aufgefallen. Eine beeindruckende Erscheinung, und wie ich nun herausfinde, nimmt er seit vielen Jahren an diesem Wüstenrennen teil – und das sehr erfolgreich.

Seine Ausstrahlung, Ruhe und Standhaftigkeit beeindrucken mich immens, und die Leistung mit seinen mittlerweile 62 Jahren nicht minder. Wir unterhalten uns sehr angeregt, und er bietet mir an, zu helfen, falls bei mir Fragen auftauchen. Das nehme ich gern an, fast immer per Telefon und das dienstagvormittags. Wäre mir nicht aufgefallen, Volker aber.

Nach dem Treffen in Bayern mit vielen der deutschen Teilnehmern bin ich hochmotiviert und beschließe, gleich zum Einstieg ins Training, den *Röntgenlauf* (63 Kilometer) im Oktober zu laufen. Der *MdS* startet im April. Anke erklärt mich für bescheuert. Es sei noch viel zu früh für den Vorbereitungsbeginn. Ich bin noch nie einen Ultra gelaufen und starte den *Röntgenlauf* ohne jegliches Training. Ein typischer Anfängerfehler, und ein Fehler, der mir bis heute bei vielen Läufern begegnet, die ich in der Vorbereitung zu großen Ultras betreue. Ich kann ihnen deswegen nicht böse sein und habe dafür größtes Verständnis. Der Respekt vor dieser Art von Rennen ist riesig. Zu Recht, denn Respekt ist zu Beginn des Ultralaufens immens wichtig, führt aber auch dazu, dass einige schon beim Training um ihr Leben rennen.

Ich spule meine Kilometer im Training ab – mit Bruno und ohne. Im Januar passiert es: Im Wald mit Rucksack unterwegs telefoniere ich mit Anke und knicke beim Laufen um. Stechender Schmerz im Knöchel! Ich rufe meinen Mitarbeiter im Büro an. Er holt mich im Wald ab, da an Laufen oder Gehen nicht zu denken ist. Ich fahre zu meinem Orthopäden und Nachbarn Wolfgang Veen und verabschiede mich bereits innerlich von meinem ersten großen Wüstenlauf. Wolfgang diagnostiziert einen Bänderanriss. Dennoch macht er mir Hoffnung, dass das bald wieder funktionieren könnte mit dem Laufen. Alexandra, seine Chef-Arzthelferin und ebenfalls in meiner Nachbarschaft beheimatet, tröstet mich mit viel Schokolade. Ich jammere ein wenig und humpele auf Krücken nach Hause. Tage später läuft der Knöchel unter der Schwellung dunkel an – ein Zeichen für ausgetretenes Blut beim Riss oder Anriss. Scheint doch ernster zu sein.

Es dauert schließlich einige Wochen, bis ich wieder laufen kann. Ich bin todunglücklich und fahre mit Jochen über Karneval nach Belgien ans Meer. Wahrscheinlich war dieser Trip der Ursprung unseres Karnevalfluch(t)verhaltens, das mittlerweile meist in einem Kurzurlaub auf den Kanaren mündet. Der Wüstenlauf geht mir allerdings auch in Belgien nicht aus dem Kopf. Morgens und abends fahre ich auf einem klapprigen Fahrrad am Strand entlang – Training. Laufen ist über Wochen nicht möglich. Als die Bänder wieder funktionieren, bleiben mir letztlich nur noch vier Wochen für das vorbereitende Lauftraining übrig. Das ist wenig, und in Marokko werde ich noch die Bandage am Knöchel tragen müssen.

In der Vorbereitung hatte ich mit Volker bei unseren Dienstagsgesprächen viel Spaß, und ich freue mich sehr darauf, mit ihm im selben Zelt in der Wüste zu hausen. So hatten wir das im Vorfeld beschlossen. Der große Tag rückt immer näher. Abflug in Frankfurt: Am Flughafen haben sich alle deutschen Teilnehmer getroffen, gemeinsam fliegen wir zunächst nach Casablanca. Dort haben wir von mittags bis 22 Uhr abends Aufenthalt, bevor es nach Quarzazate weitergeht. Den Ablauf kenne ich noch vom *Zagora-Marathon*. In Casablanca kenne ich mich ein wenig aus. Um die Zeit bis zur Weiterfahrt zu nutzen, fahre ich mit ein paar Jungs und Mädels in die Altstadt.

Der *Marathon des Sables* ist eine riesige Veranstaltung. 1986 fand er zum ersten Mal statt, damals mit nur 23 Teilnehmern. Sein Bekanntheitsgrad wuchs schnell, und ebenso schnell wuchs die Teilnehmerzahl: In meinem ersten Jahr starten bereits 750 Läufer. Wir sind in einem großen Zeltlager untergebracht. Busse bringen uns aus Quarzazate in die Wüste, und wir verbringen zunächst zwei Tage zur Akklimatisierung im Lager. Ich treffe Mohammad Ahansal wieder, der hier ein Star ist, da er mit seinem Bruder Lahcen das Rennen seit Jahren dominiert. Während wir uns unterhalten, sieht Volker seinen spanischen Freund Fidel, und vor lauter Begeisterung übers Wiedersehen machen die beiden Männer ein kleines Tänzchen. Seit Jahren laufen sie hier mit- und gegeneinander in der selben Altersklasse und verstehen sich blendend. Beide beherrschen jeweils nur ihre Muttersprache, und trotzdem gibt es ein freudiges und wortreiches »Hallo«.

Vier Jahre später wird Volker erneut hier starten, sein Freund Fidel steht auch auf der Starterliste. Er kann ihn allerdings im Lager nicht finden, wie er mir aus der Wüste schreibt. In den Lagern bei den großen Wüstenläufen gibt es die Möglichkeit, E-Mails zu empfangen oder zu schreiben. Nach einigen Tagen finde ich Fotos auf der Website des MdS *mit einem Banner, auf dem Fidels Namen steht. Zudem ist ein Steinhaufen mit einem Bild von ihm abgebildet. Fidel ist einige Tage vor dem Start gestorben. Über die Todesursache erfahre ich erst einige Monate später mehr: Beim meinem Lauf in der Wüste Gobi lerne ich den spanischen Läufer Jaume Tolosa Anglada kennen. Er hat öfter mit Fidel trainiert, und er erzählt mir, dass dieser nach einer langen Trainingseinheit nachts in seinem Bett eingeschlafen ist – für immer. Volkers Frau Sabine*

Fidel und »Ehrenopa« Volker an der Startlinie beim *Marathon des Sables* 2007.

und ich beschließen, Volker zunächst nichts von Fidels Tod zu schreiben. Es ist nicht leicht, diese Entscheidung zu treffen – ist sie nun richtig oder falsch? Noch schwerer ist es, dies durchzuhalten, da ich mich ganz schlecht verstellen kann.

Wir stehen kurz vor dem Start unseres ersten gemeinsamen *MdS*. Es geht hoch her – Partytime mit *AC/DC* und dem Song *Highway to Hell* aus großen Lautsprechern, die auf dem Geländewagen stehen. Zu diesem Zeitpunkt genau die richtige Musik. Ich bin voller Adrenalin und will endlich los. Startschuss, ich laufe mit Bruno. Wir haben zusammen trainiert, und ich bin ja ein hochsolidarischer Hund. Volker ist etwas langsamer und läuft hinter uns. Brunos Tempo passt auch nicht wirklich nicht zu meinem. Mir macht die Hitze nichts aus, ich könnte deutlich schneller. An Tag zwei braucht

Bruno an Checkpoint drei eine längere Pause und teilt mir mit, dass es besser wäre, fortan getrennt zu laufen. Ich bin so happy über diese Entscheidung, dass ich das vor mir liegende große Wadi – eine Art ausgetrocknetes Flussbett – aus Freude über die neue Freiheit für einen langgezogenen Tempolauf nutze. Auch den anschließenden sehr steilen Anstieg – teilweise mit Zugleinen gesichert – fliege ich förmlich nach oben.

Von nun an laufe ich mein Tempo. Ick freu' mir! Am folgenden Tag habe ich eine derart hohe Geschwindigkeit drauf, dass ich mich bei den Checkpoints glatt verzähle. Am vermeintlich letzten Checkpoint sind von weitem viele Banner inklusive eines aufgeblasenen Zielbogens zu sehen. Mit Endspurttempo laufe ich diese letzten Meter und stelle dann fest, dass es sich nicht um einen Zielbogen gehandelt hat, sondern nur um die Promotion des Sponsors. Ich habe mich geirrt, es sind noch weitere zehn Kilometer zu laufen. Das tut richtig weh, wenn man denkt, das Ziel bereits erreicht zu haben. Aber es ist eine gute Lektion für mich. War der Lauf nicht dein Freund, dann war er hoffentlich dein Lehrer – heißt es irgendwo.

Am folgenden Tag steht die Königsetappe über 80 Kilometer an. Das Highlight für mich als Anfänger. Noch nie zuvor bin ich so weit am Stück gelaufen. Im Training absolvierte ich einen Lauf mit 50 Kilometern, und über die Königsetappe habe ich im Vorfeld zwar viel nachgedacht, aber nie ein Konzept entworfen. Ich kann nur auf die Erfahrungen der vorangegangenen Tage zurückgreifen, und im Nachhinein betrachtet entwickele ich einen der besten Pläne, den ich je beim Laufen hatte: Ich beschließe nur zu laufen, nicht zu marschieren. Der Grundgedanke dieses Deals ist es, dass er eindeutig ist, es gibt keinen Verhandlungsspielraum. Andere Konzepte verleiten zu Kompromissen. Dann werden vielleicht die Phasen des Gehens länger als geplant. Mein Plan geht auf, und ich komme auf Platz 50 ins Ziel. Start war morgens um 7 Uhr, und mit den letzten Sonnenstrahlen komme ich gegen 18.30 Uhr ins Camp. Ich bin unglaublich glücklich darüber, diese bisher größte läuferische Herausforderung so gut gelöst zu haben.

Die lange Etappe geht über zwei Tage, um auch den langsameren Läufern die Chance auf ein Finish zu geben. Am Morgen von Tag zwei der Königsetappe werden wir alle aufgerufen, uns in der Mitte des Lagers für eine wichtige Information zu treffen. Der Veranstalter Patrik Bauer steigt auf einen der Geländewagen und teilt uns mit, dass ein französischer Läufer in der vergangenen Nacht, während er schlief, verstorben sei. Die Betroffenheit steht in hunderten von Gesichtern. Eine derart tragische Nachricht, wo-

Nach einer Woche und 230 Kilometern nehme ich wieder
die erste feste Nahrung zu mir – Brot.

Eine Oase mitten in den Dünen der Sahara.

bei wir doch alle auf Wolke sieben schweben und eine fantastische Zeit in
der Sahara erleben. Wir wissen gerade nicht, wie wir damit umgehen können. Einige weinen, andere gehen einfach hinaus in die Wüste.

Wir errichten für den Verstorbenen eine Gedenkstätte aus Steinen. Der
Veranstalter hat ein Bild des Franzosen ausgedruckt, das wir daran befesti-
gen. Umso betroffener bin ich, als ich ihn wiedererkenne. Bisher kannte ich
nur seinen Namen, realisiere aber nun, dass ich am Vortag auf der langen
Strecke einige Zeit mit ihm gemeinsam gelaufen war. Wir hatten die üblichen Dinge ausgetauscht: »Wie geht's? ... Heiß heute ... Das zieht sich!«
Unwichtige Sachen eigentlich. Das macht es jetzt alles noch trauriger.

Nach der Ansprache von Patrik Bauer ergreift einer der Ärzte das Mikro-
fon. Er weist uns explizit darauf hin, dass die Einnahme von Beruhigungs-
mitteln oder Schlaftabletten in unserer Situation sehr gefährlich ist. Unsere
Körper seien am Limit, auch wenn wir uns durch die Hormonausschüttun-
gen gut fühlten. Der französische Kollege hatte Angaben des Arztes zufolge
nach der langen Etappe nicht schlafen können. Noch gegen 3 Uhr hatte er
einige seiner Zeltkollegen am Ziel begrüßt. Um irgendwann schlafen zu

**Ultralaufen kann eine einsame
Angelegenheit sein.**

können, hat er danach wohl etwas eingenommen. Ich will niemandem zu nahe treten, schon gar nicht der Familie des Verstorbenen. Ich gebe nur wieder, was die Ärzte gesagt haben. Ich möchte mit dieser Geschichte vor allem denjenigen wichtige Informationen liefern, die unter extremen Umständen Sport treiben. Das Rennen geht weiter. Es bleibt ein Schleier, aber unser Wunsch weiterzulaufen, ist eindeutig.

Wir absolvieren noch einen Marathon am Folgetag, den ich geflissentlich versaue. Auf der langen Etappe zuvor habe ich viel gegeben, vor allem aber viel Energie gelassen. Am letzten Tag geht es durch die Dünen von Merzouga, und im Ziel gibt es das erste Stück Brot seit einer Woche. Ein bedeutender Moment für mich. Ich komme mit Platz 96 in die Wertung. Bei 750 Teilnehmern und der Tatsache, dass ich die ersten beiden Tage langsam angegangen bin, ein gutes Ergebnis. Mein erhofftes Ziel war, unter die ersten 50 Prozent zu kommen, und das habe ich deutlich übertroffen. Nun war ich eher bei den ersten 15 Prozent aller Teilnehmer gelandet.

Der Zieleinlauf in den Dünen nach diesem Rennen gehört zu meinen großen Momenten: Ich habe noch nie so viele Menschen auf einer Stelle vor

Glück weinen sehen. Unfassbare Bilder! Und wenn ich mir heute auf DVD all diese glücklichen und tränenüberlaufenen Gesichter nochmal anschaue, dauert es genau drei Sekunden und ich heule ein bisschen mit – jedes Mal!

Nach dem Zieleinlauf geht es ins Hotel, und dort gibt es das große Fressen – ein riesiges Büffet und jede Menge hungriger Läufer. Um unserer Gruppe aus dem Zelt einen kleinen Vorsprung zu verschaffen, mache ich einen Deal mit dem Chefkellner, sodass er uns vor dem Rest der Meute ins Restaurant lässt. Los geht's! Wir fallen wie die Raubtiere über das Büffet her. In der Nacht zerlegt es deswegen einige auf der Toilette. Magen und Darm sind nach einer Woche Instantfood »normale« Nahrung nicht mehr gewohnt – schon gar nicht in diesen Mengen.

Als ich wieder nach Hause komme, bin ich euphorisiert: Ich sprühe, glühe, mache Freudensprünge und bin wochenlang wie weggeschossen. Das Erreichte erzeugt ein unbeschreibliches Glücksgefühl in mir. Ich bin unglaublich stolz auf meine Leistung und verbiete mir irgendwann selbst, ständig darüber zu reden, um meine Mitmenschen nicht zu nerven. Der Ursprung meiner großen Leidenschaft für die Wüste und für das Laufen in der Wüste liegt in dieser Woche. Die Wüste hat seit dem *MdS* einen wichtigen Platz in meinem Leben eingenommen. Mit Volker habe ich zudem einen Freund gefunden, der mittlerweile »Ehrenopa« meiner kleinen Tochter ist. Die richtigen Großväter sind bereits verstorben.

»Wenn du in die Wüste gehst, kann es passieren, dass du als ein anderer Mensch zurückkommst.« Diese Worte von Volker werden sich anders als erwartet bewahrheiten.

Veränderungen durch die Wüste

Ich komme vom *MdS* zurück. Meine Frau Susanne springt mir vor Freude am Airport in Frankfurt fast auf den Kopf. Ich bin so glücklich wie lange nicht mehr. Dass sich mein Leben bald kolossal ändern wird, kann ich zu diesem Zeitpunkt noch nicht ahnen. Drei Monate später sitze ich im strömenden Regen im Auto vor der Post. Eigentlich will ich nur einen Brief loswerden und den Regenguss abwarten. Und genau in diesen Minuten formuliere ich zum ersten Mal einen Gedanken an mich selbst, der schon länger in mir arbeitet. Ich weiß, dass die Beziehung mit Susanne dem Ende entgegengeht. Beim Formulieren dieser Überlegung wird mir aber schlagartig klar: Wenn ich es heute schon weiß, kann ich es ihr doch nicht erst dann sagen, wenn die Trennung unmittelbar vor der Tür steht. Das wäre nicht fair. Es wäre ihre Zeit, die ich verschwenden würde.

Ein schrecklicher Gedanke. Wir sind seit zehn Jahren zusammen. Sie hat die ganz harten Zeiten mit mir durchgestanden und war immer an meiner Seite, als ich besoffen, depressiv und nur noch kotzend in der Ecke hing. Sie hat mit mir den Neuanfang gewagt. Raus aus Köln aufs Land, einen alten Bauernhof kaufen und zwei Jahre nichts anderes als den Umbau vor Augen. Sie hat den Rückfall in den Alkohol miterlebt und danach auch den bislang erfolgreichsten Versuch, trocken zu bleiben. Sie hat mich dabei unterstützt, als ich erste, wilde Überlegungen angestellt habe, in die Wüste gehen zu wollen. Ich sitze im also Auto und kann bald keinen klaren Gedanken mehr fassen. Ich komme nach Hause, sitze im Flur und warte, dass sie von der Arbeit kommt. Ich kann nicht anders, ich muss mein Wissen mir ihr teilen. Ich bin – ich habe keine Ahnung, was ich bin: ein Egoist, ein Schwein, ein Feigling, nicht fähig zu kämpfen, auf jeden Fall ein Versager?! Die Vorgeschichte zur Trennung ist natürlich etwas länger und nicht nur bedingt durch den *MdS*. Es ist alles furchtbar, aber wir kriegen es hin. Der Dank dafür gilt Susanne, die heute die beste erwachsene Freundin von Mara und immer

Rafael bei der Zielankunft des
***OstseeMan Triathlon* 2007.**

noch meine beste Freundin ist. Wir sehen uns regelmäßig – zumal ihr Pferd weiter hier bei uns auf dem Hof lebt. Susanne, ihr Freund Dieter, Ute, Mara und ich werden auch wieder zusammen Silvester feiern. Ich war damals der Arsch. Dass es heute alle so gut läuft, ist eher Susannes Talenten zu verdanken – sicherlich nicht meinen.

Ich mache in dem Sommer meinen *Ironman* und ich erlebe einige Dinge, die man nur als Single macht. Ich bin immer noch sehr neugierig. Ich nutze den Moment, da ich vermute, dass ich in absehbarer Zeit wieder in einer Beziehung leben werde. Ich war noch nie lange allein. Das war in meinem Leben immer so.

Ende des Sommers 2007 melde ich mich bei einer Website zur Partnersuche an. Ich rechne nicht damit, erfolgreich zu sein, und ich bin auch nicht auf der Suche nach Flirtabenteuern. Doch mich interessiert diese moderne Kommunikationsform, da sie – als ich das letzte Mal vor zehn Jahren Single war – noch nicht existierte. Grandiose Erfindung. Mein Forscherdrang wird reichlich bedient.

Schreibe ich anfangs ein wenig hin und her, um mich dann mit einer Frau zu treffen, stelle ich bald fest, dass einfach zu viele Irre unterwegs sind. Gefakte Profile und Chats, die von der Freundin geschrieben werden – das sind nur einige Beispiele. Ich beschließe, fortan Dates nur nach vorherigen Telefonaten anzugehen, um die Zeitverschwendung in Grenzen zu halten. Mir ist es ja schließlich auch peinlich, nach 20 Minuten aufzustehen und wegen Desinteresse zu gehen. Doch viel zu oft habe ich zwei Stunden im Restaurant verbracht und mir irgendwelche Themen aus dem Schädel gesaugt. Aber es gibt auch die Highlight-Dates, bei denen ich Menschen treffe, die ich im normalen Leben vermutlich nie kennengelernt hätte. Gerade die »seltsamen« Menschen sind es, die es manchmal richtig interessant machen. Auf die Langweiligen stoße ich ohnehin selten. Eine Erfahrung, die mich mein gesamtes Leben über begleitet: Beruflich und privat habe ich lange Zeit viele Menschen um mich gehabt, die mehr Probleme hatten als andere. Sie kamen immer gern zu mir.

Eine der Frauen aus dem Netz treffe ich zum Spaziergang am Rhein in Köln. Das Hin- und Hergeschreibe mit ihr ist witzig. Auf den Fotos sieht sie zudem extrem attraktiv aus.

Doch sie ist der Grund, warum ich im Vorfeld eines Treffens das Telefonat einführe. Sie kommt in einem 911er Porsche an. Von oben bis unten ist sie mit Gold behängt und mit Moschino-Täschchen und -Gürtel dekoriert. Ich habe meinen Hund dabei, sie ihren siebenjährigen Sohn. Von ihm wusste ich nichts, aber diese Vorgehensweise kann ich verstehen. Als sie auf mich zukommt, begrüßt mich ein freundliches Lächeln, eine angenehme Umarmung und der tiefste kölsche Dialekt, den man sich vorstellen kann. Familie Millowitsch macht dagegen Theater für Germanisten. Eine sehr liebenswerte Frau steht vor mir, die auch noch blendend aussieht – aber das kann mit mir nicht funktionieren. Dennoch haben wir einen schönen Abend. Sie kommt nach einigen Jahren auf Mallorca gerade zurück nach Köln. Ihr Kerl hat gesoffen und den Kleinen geschlagen, und es war Zeit für sie, zurück in die Heimat zu gehen. Wir sitzen in ihrem Zuhause und schmieren ein paar Brote für den Sohn und uns. Er tut sich noch schwer mit der neuen Umgebung und dieser speziellen Situation, aber am Ende des Abends kommen wir zwei gut miteinander aus. Das mit der Geduld und dem Abwarten lohnt sich oft im Leben – auch im Umgang mit Kindern. Martina ist glücklich, sie muss ja gleich zwei Rollen besetzen. Sie will einen Mann, braucht aber auch einen Vater für den Kurzen. Es ist schade, dass es nicht passt. Sie ist echt ein Goldstück. Es kommen noch ein paar schöne und seltsame Treffen über diese Webseite zustande.

Eines Tages finde ich Ute auf dem Portal. Ein Foto vom *Düsseldorf-Marathon* ist ihr Profilbild. Ich schreibe sie an und erwarte eigentlich nicht viel. Blond, zu hübsch, erfolgreich im Job und sicherlich ein vollgestopftes Postfach mit Anträgen auf Verabredungen. Ich schreibe irgendwas eher Lapidares mit einem Schuss »Seltsames«. Kryptische Mails sind eine Spezialität von mir – dafür hassen mich einige meiner Künstler. Mails mit Lobeshymnen auf ihr Aussehen, ihr Profil und ihre Merkmale hat sie vermutlich schon genügend. Tage später gibt es tatsächlich eine Reaktion ihrerseits. Es ist nicht besonders ermutigend, aber sie erwähnt immerhin, dass meine Mail aus dem Rahmen fällt. Es tut sich was. Ich schreibe morgens um 6 Uhr, und sie antwortet abends nach 23 Uhr. Einer von uns beiden schläft scheinbar immer, sodass eine unmittelbare Kommunikation gar nicht stattfinden könnte. Ich tue den Teufel, sie nach einer Verabredung zu fragen. Auch frage ich nicht nach ihrer Telefonnummer. Die Angelegenheit ist mir jetzt schon zu wichtig, um einen Fehler zu machen. Ich halte es durch – vollkommen gegen meine Natur. Menschen, die mich gut kennen, lachen sich wahrscheinlich gerade schlapp. Sie wissen, wie es mich in dieser Zeit innerlich zerrissen haben muss. Wir schreiben auch übers Laufen, und da ich für den *Frankfurt-Marathon* gemeldet habe, entschließt sie sich dafür, auch dort zu starten. Hätte sie diesen smarten Weg nicht gewählt, hätte es wahrscheinlich noch Monate gedauert, bis es zu einem Treffen gekommen wäre. So treffen wir uns morgens um 5.30 Uhr an der A3 Abfahrt Siebengebirge. Aus der Sicht einer Frau so ziemlich der größte Albtraum für ein erstes Date. Sportklamotten, auch noch die hässlichere Überzieh-Variante wie vor dem Start üblich. Dazu ungeschminkt. Und das Ganze auch noch morgens früh. Für Ute eigentlich mitten in der Nacht in ihrer Tiefschlafphase. Es ist Ende Oktober, und die Temperatur an diesem Morgen liegt bei kühlen 7 Grad. Ich war erst drei Tage vor dem Lauf aus einer fiebrigen Erkältung gekommen, und Ute hatte eher eine dreiwöchige Spontantrainingsphase hinter sich gebracht. Ergebnis: Der Marathon ist sportlich vollkommen egal, menschlich jedoch von großer Tragweite. Auf dem Weg zum Start nehme ich sie an die Hand. Ich darf! Nach dem Marathon auf dem heimischen Sofa massiere ich ihre Füße. Danach fährt sie nach Hause. Wir haben das gut gemacht.

Ein paar Tage später besuche ich sie in Düsseldorf. Wir gehen essen, und ich sage ihr: »Mir ist nicht klar, ob das mit uns funktioniert, aber ich will es ʼrausbekommen.« Seitdem sind wir ein Paar, mittlerweile sogar eine kleine Familie. Wir lieben uns, und wir kriegen uns in die Wolle. Wir haben beide ziemlich konkrete Vorstellungen von den Dingen, und wir sind beide hart im Nehmen – sie allerdings deutlich härter als ich. Wir laufen beide gern, was vieles leichter macht. Es geht nicht nur um das Verständnis und die Absprachen für lange Trainingseinheiten, sondern auch um den riesigen Support von ihrer Seite, wenn wieder ein großes Rennen ansteht und ich für zehn Tage in Afrika oder Asien in eine große Wüste verschwinde. Es ist nicht ganz ungefährlich, ich bin nicht zu erreichen und trotzdem unterstützt sie mich.

Meine Frau Ute trainiert beim Düsseldorf-Marathon für die 100-Kilometer Biel.

Im Gegenzug hat sie allein die ganze Arbeit zu Hause mit dem Hof, den Pferden, Hund und Katze und natürlich auch mit Mara. Ohne ihre Hilfe wären meine Laufabenteuer nicht möglich. Wenn sie laufen geht, begleite ich sie bei dem ein oder anderen Marathon, auch bei ihrem ersten 100-Kilometer-Lauf diesen Sommer in Biel war ich dabei. In welchem Maße sich diese Frau quälen kann, um ein Ziel zu erreichen, stellt meine Fähigkeiten deutlich in den Schatten. Biel finisht sie mit einem Wochentrainingsplan, der in der Regel nur drei Trainingseinheiten hat. Mehr Zeit hat sie nicht. Mittwoch: normaler Lauf, etwa zwölf Kilometer, Samstag 20 Kilometer und Sonntag 30 Kilometer plus X. Viel trainieren und gut finishen kann echt jeder. Mit wenig Training in 14 Stunden die 100 Kilometer in Biel zu laufen, finde ich bemerkenswerter.

Kurz vor unserem Kennenlernen ist Ute 40 geworden, und um das zu feiern, hat sie für den Dezember ein Haus auf Mallorca angemietet. Wir sind bereits zwei Tage vor den Gästen zur Vorbereitung auf der Insel und verbringen weitere schöne Tage zu zweit, als die Meute schon wieder weg ist. Es zeigt sich in dieser gemeinsamen Zeit, dass wir es doch sehr ernst miteinander meinen.

Ein halbes Jahr später, bei uns zu Hause, ergibt sich dann folgendes Gespräch. »Bitte setz dich doch mal zu mir an den Tisch, ich möchte mit dir etwas besprechen.« So lauten ihre einleitenden Worte. Es kommt für mich wie aus heiterem Himmel, doch in ihrer Stimme liegt etwas ganz Besonderes. Es ist mir sofort klar, dass gleich etwas Außergewöhnliches passiert – habe aber keine Ahnung, in welche Richtung es gehen könnte. Die Erregung, die sie versucht zu verbergen, macht es noch bedeutungsvoller. In ihrem nächsten Satz geht es um »Liebe«, es fallen die Worte »bewusste Entscheidung«, »du bist der Richtige«, »Verständnis« – und er endet mit dem entscheidenden Wort: »Kind«. Mich trifft im positiven Sinn der Schlag. Ute schickt sofort hinterher, dass es ein Wunsch sei, aber kein Muss, dass es um Liebe gehe und dass sie Verständnis habe, wenn ein Kind bei mir mit Ende 40 in meiner Lebensplanung nicht vorgesehen sei. In der Tat wäre ich auf den Wunsch nach einem gemeinsamen Kind nie gekommen, als sie mit »Bitte setz dich doch mal« anfing. Ich hätte es von ihr auch gar nicht erwartet. So kann es gehen. Es ist wie bei meinen großen Abenteuern in der Wüste: Es ist immer gut, einen Plan zu haben. Aber es ist eben auch immer gut, diesen jederzeit in die Tonne kloppen zu können, wenn sich etwas entscheidend ändert. Ich bin gerührt. Ausnahmsweise heule ich mal nicht, sondern ich rechne: Wie alt werde ich sein, wenn das Kind mit der Schule fertig ist? Klar ist: Die Kleine wird sich ranhalten müssen. Schon zu diesem Zeitpunkt ist mir klar, dass es ein Mädchen werden wird.

Im Dezember 2008 zieht Ute aus Düsseldorf zu mir aufs Land. Ein großer Schritt für sie, da sie eigentlich City-Girl ist – ich meine dies im positiven Sinne. Und wie sollte es auch anders kommen: Am Wochenende ihres Einzuges »zieht« auch unsere Tochter ein. Geboren wird sie allerdings erst neun Monate später. Die Zeit der Schwangerschaft ist fantastisch. Ute arbeitet bis kurz vor der Entbindung. Mit der Hebamme fahren wir ins Krankenhaus, nachdem ein Großteil der Wehen in den heimischen vier Wänden abgearbeitet wurde. Im Kreißsaal wird es leider nach einer Stunde etwas hektisch. Es werden keine Worte gewechselt, aber auf einmal stehe ich immer im Weg. Krankenschwester und Hebamme wuseln um mich herum. Der Oberarzt wird hinzugezogen, und er sagt diesen Satz zu mir, den ich zuerst noch ein wenig belustigend finde: »Laufen Sie schon mal los und holen Sie den Aufzug.« Ich denke: »Da hat das Training ja Sinn gemacht.« Ich weiß es in diesem Moment nicht besser und glaube immer erst mal an das Gute. Doch Maras Puls und Atmung knicken mittlerweile immer wieder weg. Wahrscheinlich hat sie sich die Nabelschnur um den Hals gelegt und wird bei den Wehen stranguliert. Im Laufschritt geht es in den Aufzug und im Keller in den OP-Saal. Ich muss auf dem Gang warten. Ich finde keine Worte, um die Minuten auf dem Flur zu beschreiben. In keinem Moment zuvor oder danach habe ich nochmal in meinem Leben eine derart schlimme Angst gehabt.

Nach einigen Minuten geht die Tür auf. Man holt mich in den Saal. Die behandelnden Ärzte haben sich zur Teilnarkose entschieden. Somit kann ich nun in Utes Nähe sein. Als ich reinkomme, ist sie teilweise schon mit grünen Tüchern abgehängt, aber an ihren Händen und am Körper kann ich spüren, wie sie bebt. Die Ärzte haben es sehr eilig damit, das Baby 'rauszuholen. Es rumpelt richtig. Wenige Minuten später ist Mara da und wird kurz von den Ärzten untersucht. Zwei Minuten, in denen uns bange ist. Dann ist der erste Schreck vorbei. Mara schreit, hat zehn Finger, zehn Zehen und liegt in Mamas Armen. Die Geburt hat Mara zugesetzt, aber die Blutwerte sind in Ordnung. Wir bekommen das »Okay« der Ärzte. Nach einigen Stunden dürfen wir nach Hause.

Ungefähr zur selben Zeit beschließt eine junge Frau, ebenfalls in Düsseldorf lebend, nach nunmehr 25 Jahren ihre leiblichen Eltern kennenlernen zu wollen. Nach Freud gibt es ja keine Zufälle, es ist genau die Zeit von Maras Geburt. Ich erhalte kurz vor Ostern Post von einer der Kirche nahestehenden Adoptionsstelle.

»... bitten wir Sie wegen einer Angelegenheit aus dem Jahre 1984 Kontakt mit uns aufzunehmen.« Ich erhalte den Brief Freitagnachmittag. Ich rege mich kurz über die Formulierung »Angelegenheit« auf und versuche gleich, die zuständige Dame telefonisch auf ihrer Durchwahl zu erreichen. Es ist besetzt und bereits 16 Uhr. Also rufe ich in der Zentrale an und bitte darum, die Ansprechpartnerin für diese »Angelegenheit« nicht gehen zu lassen, bevor sie mich zurückgerufen hat. Es geht schief. Die Dame ist irgendwann raus, es läuft nur noch der Anrufbeantworter. Zeit zum Durchdrehen.

Ich rufe meine damalige Freundin an. Wir waren Anfang der 80er-Jahre ein Paar. Sie hat das gleiche Schreiben bekommen, und wir wissen beide, dass es um unsere gemeinsame Tochter Maria geht. Wir sind immer noch in Kontakt. Nach unserer gemeinsamen Zeit haben wir uns nie aus den Augen verloren. Sie war Jahre später meine erste Angestellte in meiner Firma – und natürlich mehr als das. Erst als ich mit dem Büro aufs Land ging, wollte sie lieber in Köln bleiben.

In Portugal 1984 holte uns die Realität schnell wieder ein.

Wir wurden 1983 schwanger, und 1984 wurde unsere Tochter geboren. Es war eine wilde Zeit, es war klar, dass sie auf die Welt kommt, aber es war auch bald klar, dass wir eine Freigabe zur Adoption für die einzig richtige Entscheidung hielten. Es ist 30 Jahre her, und es ist schwierig, darüber zu schreiben oder es zu erklären. Es war so – und im Sinne des Kindes hat es sich als richtige Entscheidung herausgestellt. Nichtsdestotrotz sind wir wenige Tage nach der Geburt nach Portugal abgehauen, um Abstand zu bekommen. Doch dort holte uns das Erlebte schnell wieder ein, wir saßen heulend am Strand und überlegten, zurückzufahren und die Chance auf die Annullierung der Adoption wahrzunehmen. Letztlich sind wir aber nicht zurückgefahren.

Und nun, 25 Jahre später, ausgerechnet zu Maras Geburt, unternimmt Maria den ersten Versuch, mit uns Kontakt aufzunehmen. Der geht schief. Die Adoptionsstelle verliert ihre Anfrage aus den Augen, also kommt zunächst kein Treffen zustande. Sechs Monate später ist es soweit. Wir sitzen im Vorzimmer der Vermittlungsstelle, und sie braucht meine Hand, als wir durch die Tür gehen. Dann stehen wir vor unserer mittlerweile 25-jährigen Tochter. Keiner hat einen Plan, wie man sich verhalten soll. Woher auch? Tränen kullern, die Hände zittern, und unsere Gesichtsmimik ist auch nicht frei davon. Maria brennt die Frage unter den Nägeln, warum es zur Adoption kam. Und ich will sie am liebsten sofort fragen, warum sie sich jetzt erst meldet. So funktioniert das aber nicht, zumindest nicht in den ersten Minuten. Wir sprechen also zunächst zwar über persönliche, aber doch sehr einfache Themen. Es zerreißt uns alle innerlich, und ziemlich schnell wird klar, dass wir Zeit brauchen werden. Viel Zeit, um all die Geschehnisse aufzuarbeiten, anzusprechen und in die richtige Richtung zu lenken.

Nach einer Stunde gehen wir raus und laufen durch den Grüngürtel Kölns, um hier und da für einen Kaffee zu stoppen. Nun kommen wir auf die Themen, die uns alle brennend interessieren. »Warum habt ihr mich zur Adoption freigegeben? War es eine glückliche Schwangerschaft? Habt ihr euch lieb gehabt?« Ich habe versucht, mich vor dem Treffen in Marias Gedanken hineinzuversetzen. Ist klar – geht nicht. Aber einiges ist sehr überraschend: So hat sie sich jetzt erst gemeldet, weil – sie weiß es nicht. Sie sagt: »Ich wusste von Kindergartentagen an, dass meine Eltern nicht meine genetischen Eltern sind, und du machst dann nicht Abitur oder wachst montagsmorgens auf und sagst: ›Jetzt muss ich es aber unbedingt wissen.‹ Die Tatsache ist fester Bestandteil deines Lebens.« Bemerkenswert ist auch ein Satz von Maria, den ich nie wieder vergessen werde: »Als die Kindergärtnerin sagte ›Alle Kinder kommen aus dem Bauch der Mama‹, habe ich gesagt: ›Ich nicht! Ich komme aus dem Bauch einer anderen Frau.‹« Ich habe viele Jahre vermutet, dass sie sich nicht meldet, weil sie die Information über die Adoption gar nicht vorliegen hat. Aber sie war sich von Anfang darüber im Klaren. Schließlich kommt Maria uns besuchen und lernt ihre Halbschwester Mara und Ute kennen. Es gibt viel zu erzählen, und eins hat sie auf jeden Fall – ob von ihren Eltern in Düsseldorf, selbst beigebracht oder von mir geerbt – sie hat einen genial trockenen Humor.

Wir verstehen uns heute sehr gut und sind in Kontakt. Es ist schön, dass diese Geschichte gut ausgegangen ist. Schlimm, wenn es schiefgegangen wäre.

Das Akakus-Gebirge in Süden Libyens
mit seinen schroffen Felsen.
Felszeichnungen aus der Zeit
um 12 000 vor Christus (rechts).

Libyan-Challenge – zweihundert Kilometer nonstop

Beim *Marathon des Sables* hatte mir die damalige deutsche Repräsentantin des Laufes, Anke Molkenthin, von der *Libyan-Challenge*
erzählt. Zu dieser Zeit ein einmaliges Rennen, da die Strecke
über 200 Kilometer nonstop und ohne Markierung gelaufen wird.
Wir befinden uns im Akakus-Gebirge im Süden Libyens, an der Grenze zu
Niger und Algerien. In der Region wurden Felszeichnungen gefunden, die
sich bis 12 000 v. Chr. zurückdatieren lassen und heute Teil des UNESCO-
Weltkulturerbes sind.

Die Navigation läuft über GPS-Daten, und das Ganze klingt für mich
abenteuerlich und verrückt. Ich habe den *MdS* gut hinter mich gebracht
und eigentlich keine Ahnung von Ultraläufen. Konsequenterweise beschließe ich deshalb, dass die *Libyan-Challenge* als nächstes genau die richtige

Herausforderung sein muss. Wird sie auch – ein Meilenstein des Lernens für mich! Ute wird das erste Mal mit meinen Abenteuerplänen konfrontiert. Wegen der ungeheuren Entfernung für einen Nonstoplauf zeigt sie sich durchaus besorgt. Die Tatsache, dass sich das Teilnehmerfeld bei einem Rennen dieser Art schnell auseinanderzieht und keine Markierungen vorhanden sind, macht sie etwas unruhig. Zu Recht. Ich hatte ihr bereits von wilden Geschichten bei den Extremläufen erzählt, auch die Story vom *MdS* aus dem Jahre 1994, als sich der italienische Teilnehmer Mauro Prosperi in einem Sandsturm verirrte und erst nach neun Tagen – um 15 Kilogramm abgemagert und 200 Kilometer vom Kurs entfernt – in Algerien von Nomaden aufgefunden wurde. Eine Geschichte, die Ute nicht gerade ruhiger gemacht hat. Aber sie weiß natürlich auch um meine stetig wachsende Begeisterung für die Wüste.

Seit Oktober 2007 sind wir ein Paar, und vom ersten Moment an unterstützt sie mich im Training. Mir ist klar, dass lange und langsame Läufe eine sehr große Bedeutung für das Rennen haben werden. Als ich das erste Mal den Film von der *Libyan-Challenge* aus dem Vorjahr sehe, wird mir klar, dass ich mit dem Walken anfangen muss. Ich hasse es. Ich bin Läufer! Aber in dem Film ist selbst Sébastian Chaigneau, der das Rennen mehrmals gewonnen hat, viele Passagen marschierend unterwegs. Ute ist dafür als Trainerin perfekt geeignet – ich kenne keine Frau, die so schnell gehen kann wie sie. Nach dem *MdS* ist für Volker und mich klar, dass wir das nächste Abenteuer wieder gemeinsam angehen werden. Wir bilden – wie auch für die später noch folgenden Rennen – eine imaginäre Trainingsgruppe. Er ist im Umland von Stuttgart und ich in der Nähe von Köln unterwegs. Ein Austausch über gelaufene Kilometer, Geschwindigkeiten und Körpergewicht findet nahezu täglich statt.

Anfang März 2008 treffen wir uns mit knapp 80 weiteren Läufern am Airport in Paris. Wir haben eine gecharterte Maschine, die uns zu einem Flughafen im Landesinneren von Libyen bringt. Der dortige Flughafen macht einen seltsamen Eindruck. Bei den Rissen in den Betonplatten der Landebahn stellt sich mir die Frage, ob es auch Linienflieger mit verstärkten Fahrwerken gibt. Ansonsten sieht es ein wenig so aus, als müsste Humphrey Bogart gleich aus einem Wellblech-Hangar rauskommen. Ein kleines Betongebäude – und das war es auch schon. In diesem Niemandsland werden wohl eher selten Touristen ausgeladen. Vom Flugfeld geht es ungefähr fünf Stunden mit dem Bus durchs Land. Es ist die Zeit des Regimes von Muammar

Quartier für die Nacht: Lehmhütten im Basis-Camp der *Libyan-Challenge*.

al-Gaddafi. Eine Diktatur, die einerseits abscheulich und brutal ist. Auf der anderen Seite ist das Land zu dieser Zeit stabil, und als Tourist kann man sich relativ sicher fühlen. Für mich als Gast ist das ein wichtiger Gesichtspunkt. Alle 50 Kilometer kommen wir mit dem Bus durch eine schwer gesicherte Militärkontrolle. Viel schlimmer – und vor allem nervender – ist die Klimaanlage im Bus. Wo der Schalter sonst bei Stufe zehn endet, steht er hier auf zwölf. Trotz aller Bitten können wir den Fahrer nicht von seinem Vorhaben abbringen, uns vor dem Start einzufrieren. Es ist Anfang März, draußen ist es dunkel, sehr kalt und die Klimaanlage läuft durch.

Seitdem befindet sich in meinem Reisegepäck immer ein Schal und Gaffa-Klebeband, das wirklich universell nutzbar ist – wie ich Jahre später bei Air Namibia lerne. Der Schal kommt um den Hals und das Klebeband, wenn es sein muss, über die Lüftungsschlitze von Bussen oder alten Flugzeugen.

Unser Lager ist ein Campingplatz am Akakus-Gebirge in der Nähe von Ghat. Volker und ich bekommen eine kleine Lehmhütte zugewiesen. Eine Wohltat für uns, vor allem wegen der Kälte. Es gibt wenige Hütten, und die meisten Teilnehmer müssen in Zelten übernachten.

Läufer und Karawane teilen sich den Weg durch das Akakus-Gebirge.

Mir gefällt das Ambiente. Beim *MdS* war alles mit Menschen voll. Hier sind wir nur wenige Starter, so kommt man schnell ins Gespräch und lernt sich kennen. Nach diesem Rennen wird mir klar sein, in welche Richtung ich mich mit dem Laufen entwickeln möchte. Nun haben wir zwei Tage zur Eingewöhnung, dann geht es los. Am Morgen des Renntages stellen Volker und ich uns hinter allen Startern auf. Nach dem Startschuss lassen wir das Feld zunächst loslaufen, gehen zur Startlinie, nehmen uns an die Hände und springen wie zwei kleine Jungs über den Strich. Es ist einfach zu schön! Wir haben uns lange auf diesen gemeinsamen Lauf gefreut. Die ersten 30 Minuten laufen wir zusammen, dann trennen wir uns – nicht ohne eine innige Umarmung. Das war vorher abgesprochen. Unser Tempo ist zu unterschiedlich.

Kurz nach dem Start, am Rande des Akakus-Gebirges, geht es bald recht steil nach oben. Freundlicherweise begleitet uns eine Kamel-Karawane auf dem schmalen Singletrack, und ich springe gut gelaunt zwischen den Kamelen hin und her. Das ist »wüstig«, afrikanisch und authentisch. Die Tiere sind beladen mit Matratzen, Wolldecken und anderen Sachen. Wie praktisch

Hinter dem sogenannten Elefantenfuß befindet sich der nächste Checkpoint.

für unterwegs, denke ich noch. Mit der Zeit schließe ich zu einer französischen Läufergruppe auf. In den Gesprächen stellt sich heraus, dass einige von ihnen die *Libyan-Challenge* bereits im vergangenen Jahr gelaufen sind. Ich bin sehr an ihren Erfahrungen interessiert und möchte wissen, wie ihr Konzept für die ersten beiden Tage aussieht. Im Vorfeld für dieses Rennen habe ich nämlich kein wirkliches Konzept gefunden. Die Strecke überstieg ganz einfach meine Vorstellungskraft, und einen adäquaten Trainingslauf konnte ich im Vorfeld nicht machen. Ich war also ziemlich planlos unterwegs. Simone erklärt mir, dass die Gruppe am ersten Tag sehr langsam laufen und auch viel gehen möchte. Sie wollen noch genug Reserven für den folgenden Tag haben. Die Einbrüche der Teilnehmer seien im vergangenen Jahr an Tag zwei immens hoch gewesen. Auch Schlafen könne sich unterwegs negativ auswirken, da danach alle Knochen wehtun und man nicht mehr in die Gänge käme, erklärt sie mir weiter.

Das waren die Infos, die ich brauchte, und der letzte Hinweis war für mich ein ganz entscheidender. In diesem Moment wurde mir klar, dass ich eigentlich hier war, um herauszufinden, ob ich es nonstop ohne Schlaf schaffen kann. Auf die Erfahrung anderer zu hören, wenn man selbst keine Ahnung hat, ist eine gute Entscheidung. Ich beschließe, in dieser Gruppe zu bleiben. Das funktioniert gut, bis in den Abend. Bei Einbruch der Dunkelheit kommen wir an einen Checkpoint. Zeit, um vor der langen und kalten Nacht noch mal richtig warm zu essen. Den Checkpoint betreut Isabelle, die mir am Ende dieses Rennens noch ein wenig (!) das Leben retten wird und die ich Jahre später an ganz anderer Stelle wiedersehen werde. Nach etwa 30 Minuten Rast sind wir gefüttert, umgezogen für die Nacht und startklar. Es geht raus in die Dunkelheit. Nach fünf Minuten geht es für mich jedoch wieder zurück zum hell erleuchteten Checkpoint. Ich hatte meine Wasserflaschen zwar aufgefüllt, aber meine zusätzliche 1,5-Liter-Flasche dummerweise im Zelt stehen lassen. Da die nächste Wasserstation 25 Kilometer entfernt liegt, traue ich mich ohne diese Flasche nicht wieder auf die Strecke. Die Franzosen sind nun zwar weg, aber alles andere wäre zu gefährlich für mich geworden. Am Checkpoint fragt mich Marzia Bonavita, ob sie mit mir laufen kann. Eine Italienerin – so schön wie ihr Name. Wir ziehen gemeinsam los. Sie hatte im Zelt abgewartet, ob sie einen Begleiter findet, da sie sich allein nicht in die Nacht wagen wollte. Los geht's zusammen, und obwohl später bei mir einiges schiefläuft, werden wir bis zur Ziellinie zusammenbleiben. Nach rund zehn Kilometern sammeln wir eine weitere Italienerin ein. Andrea hat den Kontrollpunkt verpasst und hängt irgendwo in den Bergen rum. Wir finden sie durch den Lichtkegel ihrer Stirnlampe. Zur Erklärung: Wir laufen entlang der GPS-Daten durch die Sahara und das Akakus-Gebirge. Das ist im Jahre 2008 der erste Versuch eines Veranstalters, ein Rennen in der Wüste auf diese Art durchzuführen. Es gibt Checkpoints, und es gibt unbemannte Kontrollstationen, an denen wir unsere Kontrollkarten selbst abstempeln, was Abkürzungen durch die Läufer verhindern soll. Allerdings ist der Kontrollpunkt Nummer 5 nicht aufgebaut worden. Marzia und ich haben diese Information von Isabelle erhalten. Andrea aber hat davon nichts mitbekommen, warum auch immer. Auf jeden Fall klettert sie seit zwei Stunden durch die Berge, um den Kontrollpunkt mit dem Stempel zu finden. Bitter für sie, da sie als eine der Favoritinnen auf Platz zwei lag. Nun kommt sie mit uns durch die Nacht.

Tagsüber funktioniert die Navigation gut. Im Dunkeln wird es dann etwas lästig, da zu dieser Zeit die leichte LED-Stirnlampe zwar schon erfunden ist, aber noch nicht besonders weit leuchtet. Somit wandern wir die immer wieder vor uns auftauchenden Dünen auf und ab, da wir die sogenannten

Dieser kleine Tunnel war im Dunkeln nicht zu finden.

Dünenkämme im Dunkeln nicht richtig erkennen können. Besonders langwierig wird es an einer Stelle der Kurses, die man tagsüber sicherlich gut meistern kann. Es ist ein kleiner Tunnel durch eine Felswand. Ausreichend, um in leicht gebückter Haltung hindurch zu passen. Wir sehen Fußspuren von anderen Läufern, die hier wohl auch ratlos waren. Zwei davon haben sich einfach in den Schlafsack gelegt und nutzen die Stunden bis zum Sonnenaufgang für eine Pause. Wir finden das Loch nicht und suchen links und rechts nach einer Möglichkeit, um weiterzukommen. Nach 90 Minuten reicht es uns, und wir wagen die Besteigung der Felswand. Beim Einstieg in die Wand denke ich noch kurz, dass es eigentlich keinen Sinn macht für einen Veranstalter, seine »Kunden« in Lebensgefahr zu bringen und wir hier definitiv falsch sein müssen. Allerdings ist es mit dem Nachdenken gerade auch nicht so weit her – mein geringes Talent zum Bergsteigen wird gerade stark gefordert.

Diese Stelle wird für viele Läufer zum Knackpunkt des Rennens. Einige kommen ganz von der Strecke ab. So auch die französische Gruppe vom Vorabend, die durch dieses Hindernis erst einen halben Tag nach uns das Ziel erreichen wird. Wir jedoch liegen mit unserer Entscheidung tatsächlich richtig und gelangen morgens um sieben Uhr an einen weiteren Checkpoint. Andrea steigt aus, da sie die Geschichte mit dem zweistündigen Zeitverlust an dem nicht existierenden Kontrollpunkt emotional aus dem Rennen gekickt hat.

Mit der aufgehenden Sonne kehrt die Energie zurück in die Beine. Marzia und mir schließt sich Benoit Laval an. Ihn kenne ich aus Berichten diverser Laufmagazine. Er ist Weltmeister im Orientierungslauf, Mitglied der französischen Nationalmannschaft im Trailrunning und Gründer der Firma Raidlight, die Equipment für Trailläufer herstellt. Heute ist die Firma einer meiner Sponsoren, was beim damaligen Aufeinandertreffen allerdings überhaupt noch nicht abzusehen war. Bei der *Libyan-Challenge* laufen und marschieren wir nun zusammen durch Sand und Gebirge entlang von Karawanenrouten und kommen so durch einen Friedhof aus großen Steinen, den die wenigen hier lebenden Schaf- oder Ziegenhirten tatsächlich auch heute noch als Beerdigungsstätte nutzen. Zwischendurch sehen wir sogar einige Felsmalereien, aber unser Kulturinteresse hält sich zu diesem Zeitpunkt in Grenzen. Wir haben hier ein anderes Thema. Am nächsten Checkpoint gegen Mittag legt Benoit eine Pause ein. Marzia und ich ziehen weiter. Es folgt ein sich schier endlose erstreckendes Hochplateau, das wir in der Mittagshitze queren. Wir folgen einem schmalen Pfad, der über das Plateau verläuft. Dieser bietet gerade Platz genug, um die Füße voreinander zu setzen. Daneben liegen nur lose Steine, die in meinem Zustand echt zur Gefahr werden. Ich bin mittlerweile ziemlich gezeichnet. Unser gemeinsamer Plan war, abwechselnd Tempo zu machen, doch die Umsetzung unseres Deals fällt mir zunehmend schwerer. Das GPS-Gerät zeigt an, dass der nächste Checkpoint nur noch einen Kilometer entfernt liegt. Ich freue mich, denn ich brauche dringend eine Pause. Schließlich gelangen wir an das Ende des Hochplateaus und blicken von dort senkrecht in die Tiefe. Wir können das Zelt sehen, und auch ein wiederholter Blick auf die GPS-Uhr verrät, dass

Ausschnitt eines alten, auch heute noch genutzten Gräberfeldes (Mitte).
Der schmale, aber laufbare Pfad über das Hochplateau (unten).

wir fast da sind. Wir werden dennoch knapp 30 Minuten für den brutalen Abstieg brauchen, bis wir am Checkpoint ankommen. Mein linkes Bein macht mir immer größere Probleme, aber das eigentliche Problem ist in diesem Moment die Fehleinschätzung von Distanz und Zeit. Es gibt eine Suppe im Zelt. Eine der leckersten in meinem Leben! Eine einfache Tomatensuppe aus der Tüte ist in gewissen Situationen das Beste, was es gibt.

Nach der Pause merke ich beim Loslaufen, wie sehr mein Bein schmerzt. Wir wollen dennoch unbedingt zusammenbleiben, da die zweite Nacht bevorsteht und im Moment kein weiterer Laufpartner für Marzia in der Nähe ist. Die nächsten Läufer vor uns haben drei Stunden Vorsprung, und hinter uns sind in den nächsten zwei Stunden keine Läufer zu erwarten. Unglaublich, wir sind in einem Zeitfenster von fünf Stunden allein in der Sahara unterwegs! Wir verabreden, dass sie das Licht des späten Nachmittags nutzt, um zum nächsten Checkpoint zu gelangen, sie dort isst, eine Pause macht, während ich abwechselnd marschiere und laufe, um zu ihr aufzuschließen. Ein guter Plan, aber fast verpassen wir uns, da ich mich dieses Mal verlaufe.

Ich folge einem Jeep-Track, weil ich es für den logischen Weg halte. Das GPS zeigt mir aber irgendwann, dass ich falsch liege. Um zu Marzia zu gelangen, muss ich in der einsetzenden Dunkelheit quer durch das Gestrüpp. Überall stehen Dornenbüsche, um die ich gezwungenermaßen herumkurve. Darin – und vor allem darunter befinden – sich zahlreiche kleine Tiere, die sich durch mich gestört fühlen. Darunter leider auch Schlangen und Skorpione. Nicht, dass ich eins dieser Exemplare zu Gesicht bekomme, aber frische Schlangenspuren sind durchaus zu sehen … Man erkennt sie durch kleine Wellen im Sand. Und davon gibt es reichlich.

Marzia will eigentlich schon aufbrechen, als sie mein Licht bei meinem Querfeldeinlauf erkennt. Am Checkpoint angekommen reicht mir der Betreuer ob meines schlechten Zustandes eine Cola. Welch ein Genuss! Mein linker Unterschenkel ist mittlerweile stark angeschwollen. Wir haben das Gebirge nun hinter uns gelassen, und eigentlich sind es nur noch 40 Kilometer über die Dünen bis zum Ziel. Dafür werden wir aber die ganze Nacht brauchen. Ich kann nicht mehr laufen, und mein Marschieren erinnert stark an Dr. House auf dem Krankenhausflur. Ich bin dehydriert, da ich in der kalten Nacht nicht genug trinke. Tagsüber bei Hitze funktioniert mein Reflex recht gut, da habe ich den Flüssigkeitshaushalt im Griff. Jetzt leider nicht mehr. Marzia friert. Ich packe meine Alu-Rettungsdecke aus, und wir wickeln sie darin ein. Sieht echt abgefahren aus. Wie ein Weihnachtsbaum in der Wüste, denke ich in meinem desolaten Hirn. Um mich etwas ausruhen zu können, zeigt sie mir, wie man im Team zusammen gehen und einer von beiden dabei schlafen beziehungsweise ausruhen kann. Wenn man nebeneinander geht, dabei die Arme um Schultern und Hüften legt und die Körper ganz dicht beieinander sind, kann derjenige, der die Augen geschlossen hat, den Weg und das Terrain durch die Körperbewegung des anderen erkennen. Das hilft ein wenig. Trotzdem sind wir beide nach über 40 Stunden auf den Beinen ziemlich am Ende. Marzia spricht mich mittlerweile mit dem Vornamen ihres Mannes an, und überhaupt unterhält sie sich nur noch auf Italienisch mit mir. Am Vortag waren wir noch bei Englisch. Am letzten Kontrollpunkt will ich die Wade massieren lassen, aber allein das Auftragen der Creme lässt mich »explodieren«.

In der Ecke des Zelts sehe ich einen der führenden Spanier. Er hat sich Stunden vor uns hingelegt und schläft. Die Betreuerin dieses Checkpoints erzählt, dass er an Position zwei lag, als er ins Zelt kam. Er sagte ihr, dass er sich jetzt hinlegt und sie ihn bitte nicht wecken soll, für ihn sei das Rennen hier zu Ende. Und das nach 192 Kilometern und nur noch acht Kilometern bis zum Ziel!

Ich lege mich nun auch hin. »Nur fünf Minuten«, sage ich zu den beiden Mädels. Beim sofortigen Wegdösen höre ich aber noch, wie Marzia sich erkundigt, ob es sehr gefährlich sei, die letzten Kilometer allein zu laufen. Wir sind mittlerweile wieder in einem Gebiet, in dem nachts auch andere Menschen unterwegs sind, was man am Schein der Stirnlampen erkennen kann. Meist sind es Hirten der Ziegen- oder Schafherden. Auf jeden Fall ist das der Punkt, an dem ich mich noch mal »berappele«. Ohne Marzia und meinen »Job« auf sie aufzupassen, wäre ich neben dem Spanier liegengeblieben. Sie wiederum hat wegen mir sicher Stunden in diesem Rennen verloren.

Wir ziehen weiter. Kurz vor dem Ziel falle ich noch unglücklich eine Düne hinunter. Der Inhalt meines Rucksacks liegt im Sand, und mein Bein hat gerade etwas Seltsames gemacht. Es ist schon seit einigen Stunden fast taub und verdreht sich beim Sturz im Knie. Das Ergebnis dieser Aktion zeigt sich erst 2014. Marzia kann nicht auf mich warten. Sie sieht die Ziellinie und muss loslaufen. Ich verstehe es nicht, wir wollten doch zusammen ankommen. Heute kann ich es nachvollziehen. Sie hat die ganze Nacht immer wieder auf mich warten müssen. Ein paar Minuten nach ihr erreiche ich schließlich ebenfalls die Ziellinie. Wir sind vollkommen fertig. Es gibt kein

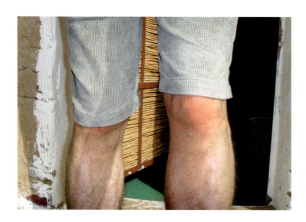

Böse Überraschung: Nach der Zielankunft wird bei mir eine Thrombose im linken Bein festgestellt.

Hurra, es fehlt die Kraft. Ich sitze erst mal lange auf der Ziellinie und starre nur raus in die Wüste. Kein Lachen, kein Heulen – da ist ganz viel und gleichzeitig ganz viel »Nichts«.

Ich verkrieche mich meinem dicken und kaputten Bein in unserer Lehmhütte. Nach drei Stunden muss ich wieder raus aus dem Bett. Die Hoffnung auf eine Besserung des Beines ist nicht eingetreten. Ich gehe in unser teameigenes Hospitalzelt. Die Ärzte diagnostizieren eine fette Thrombose. Sollte die erste Spritze mit Blutverdünner nicht helfen, muss ich ins nächste libysche Krankenhaus. Isabelle ist die Ersthelferin, die mich versorgt. Sie gibt mir die Blutverdünner und kümmert sich stundenlang um mich. Alles verläuft gut – aber ins Krankenhaus muss ich. Jahre später wird sie mich in Kamerun erneut behandeln.

Volker kommt einen Tag nach mir ins Ziel. Die *Libyan-Challenge* war für ihn eine Art Trainingslauf für den vier Wochen später startenden *Marathon des Sables*. Diesen läuft er in jedem Jahr, und er wird ihn auch dieses Mal finishen, vier Wochen nach Libyen und mit Mitte 60.

In Libyen waren 120 Läufer am Start. Etwa 80 Läufer aus aller Welt und dazu eine große Anzahl Läufer aus der Region. Die Ergebnislisten sind unvollständig, weil die einheimischen Läufer nicht wirklich erfasst wurden. Ich belege Platz 13, bin aber vor allem froh, dass ich überlebt habe. Ich kann noch gehen, mich bewegen. Andere können dies nicht und müssen getragen werden, da die Füße so entzündet sind, dass sie in keinen Schuh mehr passen. Auf der Rückfahrt setzen sie uns noch einen holländischen

Volker Voss (65) erreicht nach 200 Kilometern das Ziel.

Motocross-Fahrer in den Bus, den wir unterwegs irgendwo an einem Camp rauslassen sollen. Er ist noch in seinem Lederoverall. Bei einer Rallye hatte er einen mittelschweren Unfall in der Sahara. Das Motorrad liegt irgendwo in der Wüste, und im Bus ist er ohne Papiere und ohne Geld. Er saß erst mal drei Tage in seinem Overall in der Wüste fest. Ich gebe ihm 50 Euro in der Hoffnung, dass er etwas damit anfangen kann, bis sein Veranstalter ihm weiterhelfen wird. Irgendwo in Libyen lassen wir ihn an einem Camp raus.

Auf dem Rückweg verbringe ich am Flughafen Orly einige Stunden in einer sehr bequemen Entspannungsliege für Reisende mit Blick auf die Flugzeuge. Ich versuche, die vergangene Woche für mich zusammenzufassen, aber es gelingt mir nicht. Mit dem Abstand von mittlerweile zehn Wüstenrennen weiß ich heute zwei Dinge. Erstens: Ich war damals noch zu unerfahren für einen 200-Kilometer-Nonstoplauf durch die Sahara. Zweitens: Es war das Rennen in meinem Leben, bei dem ich am meisten gelernt habe über ein altes, aber zeitloses Wort: Demut.

Die Liege suche ich heute immer noch auf, wenn ich am Flughafen Orly bin. Das ist meine!

Mein Vater, der Pfarrer – liebevoll, gewalttätig, Alkoholiker

E s ist vier Uhr morgens. Ich weiß seit Tagen, dass mir das schwerste Kapitel dieses Buches bevorsteht. In den vergangenen Stunden habe ich extrem schlecht geschlafen. Ich habe das erste Mal seit Jahren wieder davon geträumt, dass ich als DJ ins Luxor komme, alle guten Schallplatten geklaut sind und ich somit keine vernünftige Musik machen kann. Mein einziger immer wiederkehrender Albtraum – Zeit, mit dem Schreiben anzufangen.

Ich bin mit Konrad klar. Ich habe mich die vergangenen Wochen immer wieder damit auseinandergesetzt, was ich erzählen mag und was mein vor 22 Jahren verstorbener Vater dazu sagen würde. Vor allem habe ich auch viel darüber nachgedacht, dass er keine Stellung mehr dazu beziehen kann. Ich glaube, ich kann die Geschichte heute für uns beide erzählen.

Mein Vater stammte aus Landau und war sehr früh in einem katholischen Internat. Er war mit Joseph Ratzinger, der später Papst Benedict XVI. wurde, auf dem selben Priesterseminar. Sie kannten sich gut und waren in den selben Jugendgruppen unterwegs. Ich weiß noch ganz genau, wie Konrad am Tag der Ernennung von Joseph Ratzinger zum Kardinal in Rom vorhersagte, dass aus ihm noch ein ganz Großer in der katholischen Kirche würde.

Meine Mutter Anja und mein Vater lernen sich 1955 im Rahmen ihrer Tätigkeit im Jugendarbeitsprogramm kennen. Meine Mutter findet in Konrad einen ausgezeichneten Gesprächspartner, wie sie selbst sagt, und gegen alle Widerstände und mit dem Wissen, dass diese Beziehung einen ganz schwierigen Stand haben wird, werde ich 1961 in Würzburg geboren. Dort lebe ich anfangs mit meiner Mutter allein. Konrad ist Kaplan in Regensburg. Er kommt gelegentlich über das Wochenende zu Besuch. Bis vor Kurzem dachte ich noch, er hätte sich aus eigenem Antrieb von der katholischen

Kirche getrennt und auf den Weg zu uns gemacht. In Gesprächen mit meiner Mutter habe ich erst an ihrem 78. Geburtstag erfahren, dass es sich anders zugetragen hat. Konrad hatte zu viel getrunken und in einem Hausflur einen Mann mit einer Eisenstange verprügelt. Dieser war schwer verletzt, und so kam es zu einer Anzeige gegen meinen Vater wegen Körperverletzung. Diese wurde am Ende zwar vom Gericht nicht abgeurteilt, aber es war mit Konsequenzen innerhalb der Kirche zu rechnen. Unter anderem hatte man ihm schon mitgeteilt, dass er von München – wo er mittlerweile für die Universität freigestellt war, um an seiner Dissertation zu arbeiten – zurückversetzt wird aufs Land.

Er entschließt sich aber dazu, die Kirche zu verlassen und die Flucht von Bayern ins Saarland anzutreten. Hört sich dramatisch an, aber für mich war es Realität. Es sind die frühen 60er-Jahre, und wir befinden uns im strenggläubigen Niederbayern. Als Kaplan dort mit einer zuvor anvisierten Karriere in der Katholischen Kirche wegen eines unehelichen Kindes aufzugeben hätte dazu geführt, dass wir keinen Fuß mehr auf den Boden bekommen. Dazu kam das Alkoholproblem. Also geht es ins Saarland, da dort definitiv keine Verwandten und Bekannten wohnen, die zum Problem werden könnten. Mir ist das alles herzlich egal, ich bin gerade mal zwei Jahre alt. Im Saarland beginnt Konrad ein Studium der Psychologie. Um zu überleben tragen die Eltern morgens um fünf Uhr die *Saarbrücker Zeitung* aus. Nach ihrem Lehramtsstudium gibt Anja Nachhilfeunterricht und bügelt die Wäsche anderer Menschen. Ein Jahr später wird mein Bruder Medard geboren. Von der ersten Station Wadgassen geht es 1966 weiter nach Hostenbach. Mittlerweile bin ich fünf Jahre alt. Erste Dinge prägen sich ein. Konrad schickt mich jeden Abend zur Kneipe, um drei Flaschen Bier zu kaufen. Das Bier gibt es *Beim Engler* in Literflaschen.

Mein Vater war hochintelligent. Vor allem beeindruckte er mich mein Leben lang mit seiner Gabe, andere Menschen lange reden zu lassen und zuzuhören, um anschließend mit wenigen Worten ihrem Gesagten Glanz zu verleihen oder sie als Schwätzer zu entlarven. Er war sehr schüchtern und konnte nur schwer aus sich heraus. Er hatte einen wunderbaren, hintergründigen, niederbayerischen Humor, den er anscheinend meinem Bruder und mir vererbt hat. Nicht nur einmal fallen wir beide in großer Runde auf, weil wir uns wegen »höherem Blödsinns« vor Lachen weinend in den Armen liegen, während die anderen Anwesenden uns nicht folgen können.

Konrad hatte aber auch große Angst zu versagen. Er hatte Stress mit Prüfungs- oder mit Vortragssituationen vor vielen Menschen. Vor solchen Anlässen im Rahmen seines Studiums betrinkt er sich regelmäßig. Zeitgleich nimmt er das Medikament »Librium« gegen seine Angstzustände. Heute weiß man sicherlich mehr über »Librium« als damals. Es macht sehr schnell abhängig und kann verheerende Wechselwirkungen mit Alkohol haben. Dies trifft unsere Familie sehr, sehr hart.

Ist es zunächst vor allem sein Geschrei und die Manie, alle Türen im Haus aufzureißen und wieder zuzuknallen, werden die Ausfälle im Lauf der Jahre gewalttätiger. Die teilweise auch körperlichen Angriffe gehen zuerst gegen meine Mutter und in zweiter Linie gegen mich. Mein kleinerer Bruder bleibt glücklicherweise verschont. Das Schlimme für mich ist, dass ich nicht vorhersehen kann, was die Gründe sind und wann es passiert. Ich versuche – wann immer es mir denkbar erscheint – für gute Stimmung zu sorgen, um die Voraussetzungen für ein möglichst harmonisches Zusammenleben zu schaffen. Mehr kann ich nicht tun, da ich meinen Vater nicht aufhalten kann, wenn er in Fahrt geraten ist. Ich werde zum »Klassenclown« in meiner eigenen Familie. Das setzt sich auch später fort, wenn ich als Erwachsener meine Eltern besuche. Meine Freundinnen sind durch die Bank verwundert, wenn sie mich so erleben. Eine Rolle, in der ich durch das viele Üben zu Hause und auch in der Schule glänzen kann – immerhin schaffe ich es bis zum Schülersprecher.

Ich hatte immer eine enge und liebevolle Beziehung zu meinen Eltern, auch zu meinem Vater. Ob es wirklich Liebe war? Das werde ich nicht mehr klären können. Vielleicht war es auch nur das Bedürfnis, möglichst nahe an meinem Vater dran zu sein, um aufkommende Stimmungen beeinflussen oder zumindest rechtzeitig spüren zu können. Sich bei Sturm schnell in Sicherheit zu bringen, ist ein Urinstinkt. Auch heute noch habe ich die mir wichtigen Menschen gern ganz eng an mir, um genau verfolgen zu können, wie es ihnen geht. Alle anderen halte ich auf ausreichend Distanz – ich bin alt genug.

Mit den Jahren laufen die Dinge total aus dem Ruder. Neben den aggressiven Tätlichkeiten gegen Anja, Geschrei und Türschlagen kommt Konrad nun auch gern ins Kinderzimmer. Er macht das Licht an und aus und wiederholt das Ganze. Als ich aufstehe und zum Lichtschalter gehe, bekomme ich die gestreckte Faust mitten ins Gesicht. Ich falle rückwärts zu Boden. Ich bin acht Jahre alt.

Die Übergriffe nehmen zu. Anzahl und Heftigkeit steigern sich leider. Ich wache nachts in meinem Bett auf. Mein Vater liegt besoffen neben mir und um mich herum Erbrochenes – mein Erbrochenes!

Die Aggression übernimmt die Herrschaft. Der Inhalt des Kühlschranks fliegt gegen die gegenüberliegende Wand, kurz darauf auch der ganze Kühlschrank. Konrad versucht, Anja mit einer Statue zu erschlagen. Meine Mutter schickt mich mitten in der Nacht los – mit dem Fahrrad zur Polizei. Wir haben kein Telefon und Medard schläft. Sie will ihn nicht allein zu Hause lassen mit Konrad. Ich, der Knirps, radele durch die Nacht ins nächste Dorf und erzähle den Polizisten, was zu Hause los ist. Ich bin noch so jung und realisiere vieles in seiner Tragweite noch gar nicht. Als ich in den Polizeiwagen einsteige, bin ich enttäuscht, dass die Polizisten Blaulicht und Sirene nicht anmachen. Alles zu viel für ein kleines Kind.

Konrad wird in Handschellen gelegt, da er auch auf die Polizisten losgeht, abgeführt und zur Ausnüchterung in eine Zelle gesteckt. Meine Mutter hat sich, damit ihre große blutende Kopfverletzung nicht auffällt, bei Ankunft der Polizisten noch schnell eine Mütze über den Kopf gezogen. Mein Vater ist zu der Zeit schon Psychologe an der Justizvollzugsanstalt im Saarland. Hätten die Polizisten die Verletzung gesehen, wäre es vermutlich zu einer Anzeige gekommen, und das kann im Öffentlichen Dienst schwere Konsequenzen haben.

Einen Tag später kommt Konrad wieder in unser Haus. Ich weiß nicht mehr genau, wie der Tag der Rückkehr verlaufen ist, aber ich weiß noch genau, was ich gedacht habe: Wäre ich doch bloß nicht zur Polizei gefahren! Der Tag wird noch schlimmer als der Tag, an dem ihn die Polizei mitgenommen hat.

Durch den Alkohol und durch das Librium hat Konrad totale Filmrisse. Er weiß manchmal nicht, was er tut, und später kann er sich auch nicht mehr daran erinnern. Wenn er wieder »runter« ist, tut es ihm alles sehr leid, ständig gelobt er Besserung. Anfangs gibt es die Aussetzer nur alle paar Wochen am Wochenende. Meist ist am Sonntag alles schon wieder gut, und die Familie tobt morgens im elterlichen Bett herum. Aber die Frequenz steigt, und bald passiert es auch in der Woche. Dazwischen liegt immer die Zeit des Aufatmens.

Natürlich denken Anja, mein Bruder und ich öfter über die Trennung von Konrad nach. Mittlerweile bin ich 15, und die Auseinandersetzungen zwischen Konrad und mir werden zunehmend physischer. Wir schauen uns Wohnungen an, aber der Entschluss zum Auszug wird letztlich niemals getroffen.

Wir sind eine typische Alkoholikerfamilie. Alle sind Co-Abhängige. Es ist ein System, auf das wir uns einlassen und in dem wir funktionieren. Das passiert in vielen Familien so – das werde ich später noch lernen. Meine Mutter kämpft für den Erhalt der Familie und für die Kinder. Sie selbst ist früh von zu Hause weg, um weiterhin das Gymnasium besuchen zu können, während die Familie aufs Land zog. Von dort hätte sie die Schule in den damaligen kalten Wintern per Rad nicht mehr erreichen können. Sie lebt ab ihrem 13. Lebensjahr auf eigenen Wunsch im Kinderheim.

Dennoch erleben wir als Familie – Gott sei Dank! – viel Schönes. Anja und Konrad sind für ihre Zeit sehr aufgeschlossen. Toleranz, Freiheit und Selbstständigkeit sind ganz wichtige Orientierungspunkte. Ich fahre mit fünf Jahren schon allein die zwei Kilometer lange Strecke zum Kindergarten entlang der Bundesstraße. Wir haben es in den Ferien wochenlang gemeinsam geübt. Wir haben kein Auto, und es gibt keinen Bus. Somit gibt es keine andere Chance, da Konrad auf der Uni ist und meine Mutter rund um die Uhr arbeitet. Diese Form der Erziehung zu früher Selbstständigkeit hat auch viel Positives. Der Drang zu Freiheit und Ungebundenheit in der Familie ist groß. So ist Medard – wie ich auch – »Unternehmer« geworden. Meine Mutter sowieso. Die ist schon seit ihrem 13. Lebensjahr selbstständig unterwegs und »unternimmt« heute noch wilde Sachen. Auch die sexuelle Aufklärung und das Thema Mädchen unterliegen keinem Tabu. Das ist Anfang der 70er-Jahre noch lange kein Standard in der Erziehung. Wir reisen sehr viel, und das sind die schönsten Zeiten meiner Kindheit, da Konrad in diesen Phasen nicht säuft. Es geht mit dem Zelt durch ganz Europa, immer auf der Suche nach alten Kirchen, Tempeln oder steinzeitlichen Höhlen. Letztgenannte bringen Medard und mir den meisten Spaß. Wir fahren los, schlagen das Zelt auf und am nächsten Morgen geht es weiter zu Besichtigungen.

Abends lassen wir uns mit dem Zelt wieder an einem anderen Ort nieder. Wie die Nomaden ziehen wir umher, und in so einem Urlaub kommen schon mal 7000 Kilometer in vier Wochen zusammen. Im VW Käfer mit Eltern, zwei Kindern, Hund und Zeltausrüstung. Später wird mir klar, dass diese Zeit mit ein Grund für mein Glücksgefühl in der Wüste ist. Bei meinen Etappenrennen lasse ich die schönste Zeit meiner Kindheit wieder aufleben. Es ist der gleiche Ablauf: Jeden Tag an einem anderen Ort und einem anderen

Zeltplatz, und dazwischen liegen viele Kilometer in Freiheit – ohne Angst und ohne Gewalt.

Die Auseinandersetzungen zwischen Konrad und mir nehmen in seinen Saufphasen immer bedenklichere Züge an, je älter ich werde. Ich bin gerade 17 Jahre alt, als wir beschließen, dass sich in der Familie etwas ändern muss. Ich ziehe also in der selben kleinen Stadt mit meiner ein Jahr älteren Freundin Margit in eine eigene Wohnung. Bis heute haben wir immer noch guten Kontakt. Sie war mit ihren Töchtern und ihrem Mann bei meiner Hochzeit mit Ute. Durch meinen Auszug entspannt sich das Verhältnis zu meinem Vater. Anja hat für den Erhalt der Familie viele Jahre hart gekämpft. Sie hat sich trotz ihres eigenen Studiums um die Kinder gekümmert und mit Nachhilfestunden das Geld für die Familie verdient. Sie hat versucht, uns Familie und Kindheit zu geben – und das mit einem Alkoholiker als Mann. Persönlich habe ich nie jemanden kennengelernt, der mehr ausgehalten hat als sie. Aber auch ihrer Kraft sind Grenzen gesetzt – über die vielen, harten Jahre beginnt auch sie zu trinken. Sie zieht sich immer mehr zurück und wird zeitweilig depressiv.

Einige Jahre später kaufen meine Eltern ein Haus und rappeln sich wieder etwas auf. Meine Mutter schuftet sich an dem alten Haus zwar wund, aber es tut ihr trotzdem gut. Es ist kein Widerspruch für sie – sie gehört ein Stück weit auch zur Kriegsgeneration. Ich verlasse das Saarland und gehe nach Köln, und wir sind über die Entfernung so eng in Kontakt, wie man in einer Eltern-Kind-Beziehung eben in Kontakt sein kann. Manchmal rufe ich bei ihnen an und es geht über Tage keiner ans Telefon. Mein Bruder versichert mir dann, dass sie noch leben. So ist das halt.

In dem Jahr, in dem ich mich selbstständig mache, muss Konrad ins Krankenhaus. Pumpe zu schwach, Leber kaputt und viel Wasser im Körper. Bei den Untersuchungen stellt sich heraus, dass er bereits mehrere Infarkte hatte, die er aber immer gut verheimlichen konnte. An einen dieser Infarkte erinnere ich im Nachhinein noch gut. Wieder einmal hatte er ein paar Tage durchgetobt. Zur Wiedergutmachung geht er mit uns an einem Sonntag an einem See essen. Nach dem Essen will er vor die Tür, um ein wenig Luft zu schnappen. Auf der Bank vor dem Haus sehe ich, wie er einfach umfällt. Ich renne raus und hebe ihn auf. Er fühlt sich irgendwie starr an, aber nach ein paar Sekunden kommt er wieder zu sich. Wieder zu Hause liegt er tagelang im Bett. Nüchtern, aber aufstehen kann er nicht. Zum Arzt will er nicht.

Eigentlich ist zu der Zeit, als er ins Krankenhaus kommt, mein erster Urlaub mit Freundin seit der Firmengründung geplant. Konrad versichert uns, dass alles gutgehen wird und wir uns das Skifahren nach dem anstrengenden Jahr verdient haben. Einen Tag vor der Abreise besuche ich meinen Vater allein an seinem Krankenbett. Ich bitte meine Mutter darum zu Hause zu bleiben, damit ich etwas Ruhe mit ihm habe. Ich will mit ihm über die Vergangenheit reden. Es geht nicht um Aufarbeitung, Vorwürfe oder Vergebung. Ich möchte ihm sagen, dass viel schieflief in unserer Familie, aber dass ich damit klar bin und ihn lieb habe. In Gedanken geht es mir um ein eher symbolisches, gegenseitiges Kopfnicken. Als ich in sein Zimmer komme, schläft er fest. Ich wecke ihn nicht. Als wir uns am darauffolgenden Tag verabschieden, stehe ich neben seinem Bett. Die Ansage von Anja und Konrad ist ganz klar: »Wir bekommen das wieder hin.« Obwohl geschwächt, erhebt er sich und küsst mich zum Abschied auf den Mund. Es ist ein seltsamer Moment, da es so gar nicht zu ihm passt. Mein Vater weiß zu diesem Zeitpunkt schon, dass es unsere letzten gemeinsamen Augenblicke sind. Ich ahne es jedoch nicht. Wir sehen uns nie wieder. Drei Tage später kommt der Anruf von meiner Mutter, dass er gestorben sei. Ich hatte keine Chance mehr, mit ihm das mir wichtige, letzte Gespräch zu führen. Jahrelang beschäftigt mich dieser Umstand. Heute weiß ich, dass man viele Dinge im Leben schieben, beim nächsten Mal besser machen oder sich entschuldigen kann, wenn es schlecht läuft. Beim Sterben gibt es jedoch keine zweite Chance.

Ein Jahr vor seinem Tod erzählt mir Konrad bei einem Spaziergang, dass Anja unter endogenen Depressionen leidet und damit allein nicht klarkommen wird, wenn er mal nicht mehr ist. Da er Psychologe ist, kann er ihre Probleme sehr gut einschätzen.

Anja fällt nach der Beerdigung meines Vaters in ein großes Loch. Mein Vater hatte es vorhergesehen. Ich bin in Köln, sie ist im Saarland. Mein Bruder versucht, sich um sie zu kümmern. Doch die beiden hatten allerdings damals große Schwierigkeiten miteinander. Medard und ich müssen unsere Mutter schließlich irgendwann aus ihrer Wohnung 'rausholen. Sie will nicht mehr leben. Sie säuft nur noch, isst nicht mehr. Es ist so ernst, dass sie letztlich auf die Intensivstadion kommt. Mit einiger zeitlicher Verzögerung bekomme ich sie in einer stationären Therapie untergebracht. Dies hilft, aber die ersten Jahre gibt es viele Rückfälle in Depression und Alkohol. Sie ist 56 Jahre alt, als Konrad stirbt. Damals bin ich mir sicher gewesen, dass sie nicht mal die 61 Jahre erreichen wird, die mein Vater geschafft hat. Therapien sind gut, weil sie etwas bewirken, auch wenn sie nicht immer vollständig heilen können. Meiner Mutter gibt es zumindest wieder so viel Energie, dass sie weiterleben will. Sie annonciert in der *Saarbrücker Zeitung*, dass sie einen Brieffreund sucht. Daraufhin meldet sich Horst. Er ist ein wunderbarer Mensch und Anjas großes Glück – auch unseres. Beim Schreiben dieser Zeilen sind sie in Äthiopien und im Sudan unterwegs. Es gibt kein Krisengebiet, das die beiden scheuen, wenn es dort alte Kultur zu besichtigen gibt. Horst ist jetzt 80, und meine Mutter wird bald 79 Jahre alt. Vorletzten Winter waren die beiden vierzehn Tage im Oman in der Wüste. Auf einer geführten Jeep-Tour, unterwegs wurde gezeltet. Das ist dort sehr kalt nachts in dieser Jahreszeit. Was die beiden so treiben geht »uff käh Kuhhaut«, wie »Horschddd«, der alte Saarländer, sagen würde. Ich bin wirklich froh, dass er in unser Leben kam.

Ich hege heute keinen Groll. Meine Mutter liebe ich für all ihre Energie und die Umtriebigkeit, die sie wiedergefunden hat. Oft haben mir Freunde erzählt, wie schwierig ihre Kindheit oder ihre Eltern waren. Aufgrund meiner Erfahrungen habe ich immer sehr genau zugehört, da mein Leben in den harten Zeiten seltsam, einsam und gefährlich war. Ich konnte das, was zu Hause passierte, als Kind nicht erzählen. Ich hatte somit keine Anhaltspunkte, wie es andere erleben oder beurteilen. Kindheit ist natürlich auch der Prozess des Lernens. Ich habe gelernt zu lieben, zu saufen, voranzugehen. Ich bin offen, kann auf den Tisch steigen für meine Meinung und auch wieder ′runterkommen, ich kann kämpfen und mich dabei nicht verletzen lassen, ich kann stur sein wie ein Esel, depressiv werden und für die unangenehmen Eigenschaften Hilfe in Anspruch nehmen, um sie wieder loszuwerden.

Sahara Race – »How many minutes ahead is Matt?«

»W alk like an Egyptian« – Es sind 156 Läufer am Start; Strecke 250 Kilometer mit über 4500 Höhenmetern, aufgeteilt in sechs Etappen. Wir laufen mit Rucksack, damals bei mir noch etwa acht Kilogramm schwer. In ihm befinden sich – wie üblich bei dieser Art von Rennen – Schlafsack, Nahrungsmittel für eine Woche und Notfallausrüstung. Wir schlafen in Zelten, gelegentlich nächtige ich aber unter freiem Sternenhimmel, da ich den Schnarcher des Jahrhunderts im Zelt habe. Die ersten vier Etappen sind zwischen 36 und 42 Kilometer lang; alle zehn Kilometer gibt es einen Checkpoint, an dem wir eineinhalb Liter Wasser erhalten. Die Königsetappe über 94 Kilometer findet am fünften Tag statt, und zum Schluss fahren wir mit den Bussen aus der Wüste nach Kairo und beenden das Rennen mit einem »Schaulaufen« über zwei Kilometer für die schönen Zielfotos mit den Pyramiden von Gizeh im Hintergrund.

Als ich mich vom Airport Köln auf den Weg nach Kairo begebe, macht mein Töchterchen Mara gerade ihre ersten Schritte. Das Bild »Baby lernt laufen – Papa geht laufen« begleitet mich für das gesamte Rennen und ist meine größte Motivation in Zeiten der Krisen, die sich auf einem 250-Kilometer-Lauf durch die Sahara unweigerlich einstellen.

Bei der Ankunft in Ägypten herrscht eine Hitzewelle von über 40 Grad bei starkem Wind, und der Aufenthalt im Freien fühlt sich an wie der Ortstermin in einem Düsentriebwerk. Dort den Espresso auf der Terrasse zu genießen – anstatt in der klimatisierten Lobby des Hotels –, hat etwas von einer Mutprobe. Nach zwei Tagen der Akklimatisierung geht es zu den gängigen Kontrollen der Pflichtausrüstung und von dort per Bus in die Wüste. Das Camp für die Übernachtung befindet sich an einem See. Etwas irritierend, aber wir sind definitiv in der Wüste.

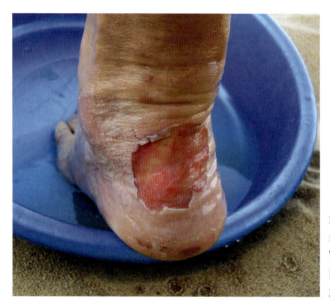

So hart das Rennen auch ist – es liefert bisweilen idyllische Bilder (rechts).

Schmerzhaft: »Ehrenopa« Volker Voss hat mit den Folgen des Sandes zu kämpfen.

Wie immer ist auch »Ehrenopa« Volker Voss dabei, mit dem ich all meine bisherigen Wüstenläufe bestritten habe. Volker ist mit seinen mittlerweile 68 Jahren ältester Teilnehmer und hat alles dabei – eine laufende Werkstatt im Sand. Diese ist mir einige Male bei kleineren Equipment-Defekten eine große Hilfe. Wie Volker es dennoch schafft, dass sein Rucksack leichter ist als meiner, bleibt sein Geheimnis. Volker finisht am Ende dieses Rennens auf Platz 82 und lässt somit wieder beinahe die Hälfte der deutlich jüngeren Läufer hinter sich. Dass er dies tut, mit rekordverdächtig geschwollenem Fuß, zeigt seine Härte. Volker macht jedes Jahr den *MdS*. Den kann man schon mal ohne Gamaschen machen, da in Marokko viel Steinwüste ist. Hier nicht – der Kurs besteht zu 90 Prozent aus Sand. Ohne Schutz hat sich Volker die Füße kaputt gelaufen und ab Mitte des Rennens durch die Entzündungen starke Schwellungen. Opa go!

Sonntagmorgen: Wieder einmal die Jungen Wilden. Start um 6.30 Uhr, und die Jüngeren unter uns legen ein Tempo vor, als ginge es nur darum, diese eine Etappe zu gewinnen. Ich halte mich zu Beginn um Platz 20 auf und sammele ab der Hälfte der Distanz viele Läufer ein. Am Ende des Tages bin ich Fünfter – allerdings war auch mein Tempo viel zu hoch, ich kämpfe mit heftigen Oberschenkelkrämpfen, als ich schließlich ins Ziel komme.

Montag: Die Rennerei vom Vortag hat bei einigen Favoriten Spuren hinterlassen. Ich laufe mein Tempo und bin dem Führenden, der spätere Sieger Anders Jensen, auf den Fersen – am Ende reicht es für Platz zwei in der Tageswertung. Ich habe das Gefühl, einen perfekten Tag erlebt zu haben.

Dienstag: Ich laufe mit den beiden Führenden einen schnellen und heftigen Vormittag mit ständigen Wechseln an der Spitze. Nach drei Stunden muss ich abreißen lassen. Die beiden 28-Jährigen sind einfach schneller als ich. Das zu hohe Tempo am Morgen führt bei mir zu erheblichen Problemen in Magen und Darm in der Mitte des Tages. Meine einzige ernstzunehmende Krise in dieser Woche begrüßt mich unfreundlich, und ich grüße zurück mit einer 30-minütigen Gehpause. Währenddessen denke ich viel an meine Tochter und an meine Frau. Der Stolz über meine kleine Familie bringt mich nach und nach wieder auf die Beine und schließlich wieder zum Laufen. Dies klingt vielleicht für den ein oder andern kitschig, aber alle, die kleine Kinder haben, können mir folgen. Platz drei kann ich knapp halten, bin dafür aber deutlich über das Limit gegangen.

Mittwoch: Wir laufen durch das »Tal der Wale«. Ein UNESCO-Weltkulturerbe, das heute nur im Rahmen von Führungen betreten werden darf. Durch Erdverschiebungen war hier vor langer Zeit ein Binnenmeer entstan-

Ein vom Sand freigegebenes, Jahrtausende altes Walskelett.

den, das die darin lebenden Tiere von den Ozeanen abschnitt. Das Wasser verdunstete, und heute liegen die Skelette der Wale für jeden sichtbar mitten in der Sahara auf dem Sand. *Racing the Planet* organisiert einfach die besten Rennen. Neben einem hohen logistischen Standard und der angenehmen Teilnehmerzahl von maximal 200 Läufern werden immer wieder interessante kulturelle Aspekte in den Rennverlauf eingebaut. Den heutigen Tag kann ich entspannt als Dritter ins Ziel bringen, was mir im Vorfeld sehr wichtig war, um für die 94 Kilometer des folgenden Tages erholt zu sein.

Donnerstag: Die längste Etappe. Zu diesem Zeitpunkt habe ich 33 Minuten Vorsprung zum Viertplazierten Matt Lowe aus den USA. Mit ihm habe ich mich am Abend vorher ausgetauscht und ihm alles, was ich übers Ultralaufen weiß, erzählt. Matt ist sehr jung, hat wenig Erfahrung, und wir sind uns vom ersten Augenblick an sehr sympathisch. Irgendwie könnte ich sein Vater sein.

Da ich zu blöd bin, mir vor dem Start auf der Ergebnisliste genau anzusehen, wie groß mein Vorsprung ist, kenne ich meinen Zeitpuffer gegenüber Matt nicht genau. Matt zieht morgens früh los, als wäre es ein Halbmara-

Das gesamte Gebiet im »Tal der Wale« darf nur mit Führungen betreten werden.

thon, übernimmt die Führung und ist weg. Ich spekuliere darauf, dass ihn das hohe Tempo später Lehrgeld kosten wird. Somit laufe ich hinter Matt her, ohne ihn sehen zu können und komme bei jedem Checkpoint rein mit der Frage: »How many minutes ahead is Matt?« Dieser Satz hat sich bis heute in mein Hirn eingebrannt. Es gibt neun Checkpoints auf der Strecke, und dieser Satz wird mich gefühlt noch Jahre verfolgen. Sein Vorsprung beträgt mittlerweile 30 Minuten, und ich laufe deutlich schneller als ursprünglich geplant. Erst ab Kilometer 50 komme ich auf 23 Minuten an ihn ran. Meine Hoffnung, dass er einbricht, erfüllt mir der junge Amerikaner jedoch nicht. Ich mache hingegen eine neue Erfahrung beim Checkpoint-Zählen. Dieses Mal habe ich einfach vergessen mitzuzählen. Am letzten Checkpoint gehe ich davon aus, dass noch 20 Kilometer zu laufen sind, doch man sagt mir, dass es in acht Kilometern geschafft sei. Auch blöd! Ich habe zu viel Energie gespart und für diese »kurze« Strecke ein Übermaß an Reserven über. Wahrscheinlich stelle ich einen Streckenrekord auf dem Stück auf ... Matt hält tapfer durch, aber ich kann den Abstand bis zur Ziellinie auf 20 Minuten reduzieren. In der Gesamtwertung bin ich am Ende 13 Minuten vor

Beindruckende Kulisse: Zielankunft im Schatten der Pyramiden von Gizeh (oben).
Lagerleben bei Nacht inmitten der Sahara (Mitte).
Auf dem Kamm einer Düne geht es dem Ziel entgegen (unten).

ihm auf Platz drei mit einer Zielzeit von 29 Stunden und 58 Minuten. Matt und ich liegen uns in den Armen, wir beide sind happy, dass diese langen 94 Kilometer zu Ende sind. Das Camp liegt erneut an einem See. Nach 250 Kilometern auf den Beinen gehe ich in der Sahara schwimmen. Ich erlebe manchmal wirklich verrückte Tage.

Matts Vater ist ebenfalls Teilnehmer des Laufs. Er kommt am nächsten Morgen zu mir und bedankt sich per Handschlag, dass ich seinem Sohn so ein guter Freund und mit den Tipps vom Vortag ein guter Ratgeber war. Wieder einer der ganz besonderen Momente.

Das erste Mal erreiche ich einen Podestplatz – das erste Mal gönne ich mir die Finisher-Zigarre.

Running Wild
im Nachtleben

ach dem Zivildienst zieht es mich 1981 nach Köln. Studium der Psychologie zum Schnuppern – richtig mitmachen darf ich noch nicht – wegen des Numerus clausus. Ich komme aber bald dahinter, dass das mit mir und diesem Studium nichts wird. Ein oft verwendetes Bild, ich weiß, aber ich komme mit meinen Kommilitonen nicht klar, wahrscheinlich aber mit mir selbst nicht. Ich wechsele zu den Theater-, Film- und Fernsehwissenschaftlern. Das liegt mir mehr, dort fühle ich mich schnell heimisch.

Parallel zu meinem Studium brauche ich dringend einen Job. Jemand erzählt mir, dass man an der Kunsthochschule als Aktmodell 20 Mark pro Stunde verdienen kann. Der Job klingt so, als hätte er zwei interessante Seiten. Die Kohle ist sensationell für diese Zeit, und der Rest macht neugierig. Ich stelle mich vor und werde bald »gebucht«. Als ich zur ersten Sitzung erscheine, kommt die Professorin aufgeregt zu mir: »Ich glaube, es hat ihnen niemand gesagt, dass sie heute einen gemischten Akt stehen sollen, und ich hätte natürlich Verständnis, wenn sie dies bei ihrem ersten Mal nicht wollen.« Geld hätte ich trotzdem bekommen. Ich nehme wie immer alles: Geld und Spaß. Ist wie beim Sport: Wenn man sich richtig fokussiert, klappt das auch. Meine Kollegin ist sehr attraktiv und witzig. Wir posen aneinandergelehnt oder in Umarmungen. Ich kann meine freudige Erregung in einem für alle Beteiligten akzeptablem Rahmen halten. Fokussierung macht's möglich!

Es ist Winter. Der Raum, in dem ich stehe, ist kalt. Er hat riesige alte Fenster – durch die es mächtig reinzieht. Ich bekomme bei jeder Akt-Sitzung zwei kleine Heizöfen mit Gebläse vor die Nase und schlafe nach einiger Zeit in diesem Job regelmäßig ein. Zeit zu wechseln. Eine der Studentinnen aus dem Aktzeichenkurs läuft mir wenig später eines Nachts in der Kneipe über den Weg. Es dauert etwa zehn Minuten und sie nimmt mich mit zu sich nach Hause. Motto: »You get what you saw«. Ein Klischee, aber die kommen ja auch irgendwo her.

Mein Doppel- und Nachtleben nimmt seinen Anfang. Schon zur Schulzeit habe ich mich in der elften Klasse zum Schülersprecher wählen lassen,
obwohl dieser sonst von den Älteren gestellt wurde. Ich wollte Partys organisieren, und so sah auch mein Konzept für die Wahl zum Schülersprecher
aus. Kurz: Das antike Motto »Brot und Spiele« lässt sich natürlich auch auf
die Neuzeit anwenden. Ich glaube, ich habe es damals auch genau so beti-
telt. Die Zeiten damals waren hochpolitisch, auch an meiner Schule. Es ging
um Mitbestimmung, Demokratie, aber ich wurde mit meinem Partykonzept
von den Klassensprechern gewählt. Mein Auftritt bei der entscheidenden
Versammlung war so arrogant, dass ich mich an den Abriss, den ich anschließend von meiner damaligen Freundin bekam, noch heute genau erinnern kann. Somit begann ich bereits mit 16 oder 17 damit, Theaterauffüh-
rungen, Konzerte und Partys zu organisieren und mich als DJ zu verdingen.

Von nix einen Plan, aber furchtlos wie immer, renne ich in jeden Kölner Club und frage nach einem Job als DJ. Wenn sie den nicht haben, biete
ich mich als Türsteher an. Das ist besonders albern. Tatsächlich habe ich
Glück, als sich an einem Tag der Geschäftsführer so über seinen DJ auf-
regt, dass ihm meine Anfrage gerade gelegen kommt. Bald danach darf ich
Probearbeiten. Damals hatten die Clubs noch eigene Archive mit Schallplatten, und ich ließ mich drei Nachmittage im *Do it* einschließen, um alles
durchzuhören. Ich wusste genau, dass mein Verkaufstalent größer war als
das tatsächliche Wissen über Musik. Das Fazit vom Chef nach dem ersten
Abend: »... und an den Übergängen muss er noch arbeiten – aber das war
irgendwie interessant.« Da ich neu in der Stadt war, hatte ich einen anderen
Hintergrund und machte ein paar wilde Sachen, die ungewöhnlich waren.

Zum Beispiel Titel bis zum letzten Ton auslaufen lassen. Das war wirklich ungewöhnlich, lag aber einfach daran, dass ich Übergänge, also das Mixen, noch nie gemacht hatte. Nach einem halben Jahr klappt das Mixen, und
es ergibt sich die Chance, ins *Luxor* zu wechseln. Das war der angesagteste
Live-Club in Köln, in dem alle damaligen und heutigen Mega-Bands auf ihren ersten Tourneen gespielt haben. Wir gingen nach dem *Do it* immer dort-
hin, weil es dort die beste Musik gab. Der Laden scherte sich nicht um die
Charts. Das Publikum war studentisch, viele Künstler aus allen Bereichen
waren am Start und selbstverständlich auch das dazugehörige, sie umgar-
nende Umfeld. Das war für mich die totale Offenbarung. Als ich anfing, ori-
entierte ich mich natürlich zunächst an den Jungs, die schon erfolgreich
auflegten. Als einer der Geschäftsführer irgendwann anfing, mitten am

Abend Frank Sinatras *New York, New York* oder einen Walzer zu spielen, gab mir das einen Schub, wilde Sachen auszuprobieren. Heute vielleicht schwer zu verstehen, aber in der damaligen Zeit wurde bei Musik sehr in Kategorien gedacht. »Klassik meets Rock« wäre nicht vorstellbar gewesen. Irgendwann in den 80er-Jahren kam dann *Run DMC* mit *Aerosmith*. Rocker und Rapper, die gemeinsame Sache machen. Mit *Walk this Way* wurde ein Stück neuer Musikgeschichte angegangen. Aber das typisch deutsche Schubladendenken war dennoch allgegenwärtig.

Für mich ist der Groove das entscheidende – egal bei welcher Musikrichtung. Mehr als Melodie oder Sprache findet Groove über die stilistischen Unterschiede immer den Weg zu den Menschen. An Kinderliedern lässt sich das besonders gut verfolgen. Meine Favoriten kommen meist aus dem Soul. Ich beginne damit, südamerikanische Folklore ins Programm einzubinden, bis mir die Leute im *Luxor* an die Decke springen. Es gibt Ausflüge in die afrikanische oder karibische Musik, und irgendwann habe ich sogar mal einen Auszug aus Bachs Brandenburgischen Konzerten eingespielt.

Mit der Zeit bekomme ich neben dem Wochenende mehr Tage zum Auflegen. Mein Liebling war der Sonntag. Dieser Tag war von meinem Vorgänger mit gepflegter Musik in die Langeweile gespielt worden. Es war einfach leer. Mein Plan: Soul, Funk und manchmal Disko – so viel wie möglich. Dort wo die Mädels tanzen, kommen die Jungs sowieso hinterher. Soul war schon immer der Schlüssel zu den Frauen. DJs waren damals noch keine Stars wie heute, dennoch genoss man gewisse Vorteile und Privilegien. Nach ein paar Monaten war die Hütte sonntags voll. Schon kurz nach 21 Uhr wurden die Türen geschlossen, und vor dem *Luxor* bildeten sich Schlangen. Ich hatte frei Bahn und einfaches Spiel. Ich konnte machen, was ich wollte. Und ich war genau so, wie junge Männer um 25 dann so sind, wenn es gut läuft: wild, unnachahmlich anstrengend und arrogant. Das kann ich heute bei Produktionen mit sehr jungen Künstlern aus einer anderen Perspektive beobachten, und bin froh, dass meine Tochter mich so nicht kennengelernt hat.

Es läuft gut, und mein Name als DJ spricht sich 'rum. So kommen auch immer mehr Anfragen von den großen Diskos vor den Toren der Stadt. Die Gehälter dort sind üppig, auf dem Land ist der DJ ein kleiner Star. Mit der Musik, die ich spielen will, funktioniert es aber nicht. Das, was ich dort spielen muss, ist aber so grässlich, dass ich aus »künstlerischen Erwägungen« bald wieder aufhöre. Zeitweilig arbeite ich in drei verschiedenen Clubs und bin fast durchgängig auf Partymodus. Nach der Arbeit geht es meist noch mal los. Erst etwas essen und dann in Clubs, die noch länger offen haben als drei Uhr morgens. Oder man findet mich auf privaten Partys. Auf einigen der Partys geht es entsprechend drunter und drüber. Im Backstage-Bereich des *Luxor*, hinter der DJ-Kabine, geht es oft hoch her. An Karneval auch mal in Gruppen. Ich war aber schon immer mehr der Einzelgänger und Genießer. Für solche »liebevollen« Momente während meiner Arbeitszeit hatte ich die ewig lange Liveversion von Stings *Bring on the Night* entdeckt. Thematisch und zeitlich kam das hin. Danke Sting! Es werden auf jeden Fall hunderte von Extrempartys. Der Konsum von Alkohol und Zigaretten steigt kontinuierlich – fällt aber in diesem Umfeld nicht auf. Mir schon!

Nach zehn Jahren höre ich auf. Ich habe mittlerweile meine eigene Firma gegründet, und es fehlt einfach die Zeit. Eigentlich habe ich immer von einer großen Abschiedsparty geträumt. Aber irgendwann ist halt auch mal Schluss. Ich hatte wieder einige Wochen Konzerttour vor mir, und als ich zurückkam, war es einfach vorbei. Dass ich damals zum Alkoholiker wurde, mache ich allerdings nicht ausschließlich an meiner intensiven Zeit und dem dazugehörenden Nachtleben fest. Das hätte ich auch so geschafft.

Freunde der Wüste – Gobi March

Laufen verbindet. Das ist mehr als eine Floskel. Im Juni 2011 mache ich mich auf den Weg in die Wüste Gobi. Nach dem *Sahara-Race* möchte ich endlich wieder in der Wüste laufen. Und nach der Sensation mit dem ersten Podestplatz für einen deutschen Läufer bei der *4Desert*-Rennserie zerreißt es mich vor Energie – und so kommt es auch.

Urumqi liegt im Nordwesten Chinas. Die Zwei-Millionen-Einwohner-Metropole ist die Hauptstadt des autonomen Gebietes Xinjiang. Keine andere Großstadt auf der Welt liegt weiter von irgendeiner Küste entfernt als Urumqi. Gut 2000 Kilometer ist der Indische Ozean entfernt, der Pazifik noch ein paar Meter weiter. So stellt man sich das Tor zur Wüste Gobi vor. In zwei Tagen startet der *Gobi March*. Sechs Tage, 250 Kilometer, heiße Tage und kalte Nächte warten auf uns. Gut 150 Teilnehmer haben sich angemeldet. Wer die Wüste nicht wenigstens ein bisschen mag, hat hier nichts verloren. Zum achten Mal richtet der Laufveranstalter *Racing the Planet* dieses Rennen aus. Nie war es stärker besetzt. Nach dem *Sahara Race* hatte ich mir ein paar Chancen ausgerechnet, wieder vorn mitlaufen zu können. Als ich kurz vor dem Abflug die finale Teilnehmerliste studiere, stelle ich mich aber gedanklich doch wieder weiter hinten an.

Nach Urumqi fliegt man über Moskau. Am Flughafen läuft mir gleich Jimmi Olsen aus Dänemark in die Arme. Wir kannten uns vorher nicht, aber die Laufrucksäcke mit Trinkflaschen und angehängtem Schlafsack als Handgepäck haben uns schnell enttarnt. Unser erstes gemeinsames Abenteuer steht dem Dänen, der schon 2006 Sieger beim *Sahara Race* war, und mir unmittelbar bevor: Eine 25 Jahre alte Boeing 757 in Originalbestuhlung mit wildem Stoffmuster soll uns nach China bringen. Drinnen sieht es so aus wie ein Flugzeug-Interieur in diesen 80er-Jahre-Flugzeug-Absturz-Filmen

Sightseeing mit Paolo Barghini auf einem Markt in Urumqi in China.

eben so aussieht. Es riecht auch etwas streng. Wir vermuten, dass in den hinteren Reihen gekocht wird. Das Ding landet sanft. Wenigstens das.

Ein Mann, ein Grinsen

Am folgenden Morgen sitze ich mit meinem Rechner in der Lobby des Hotels. In dem hektischen Gewusel steht plötzlich ein Mann neben meinem Sessel, ganz ruhig beugt er sich zu mir herunter. Im Gesicht erkenne ich ein unwiderstehliches Grinsen. »Hi, I am Paolo Barghini«, sagt der Kerl mit dem dunklen Dreitagebart. Ich muss ebenfalls grinsen. Diese drei Sekunden haben uns gereicht. Wir haben danach öfter über diesen Moment gesprochen. Wir beide haben in diesem Moment dasselbe gedacht: »Das passt!« Wir sollen mit Damon Goerke aus Australien, der erst im Frühjahr 2011 die *Namib Desert Challenge* über 228 Kilometer in Rekordzeit gewonnen hatte, und dem Basken Jaume Tolosa Anglada, Zweiter der *Transsa-harienne* in Algerien, an einem Pressetermin auf dem Markt von Urumqi teilnehmen.

Wir lassen die Jungspunde vor. Nach zwei, drei Fotos setzen wir uns ab und quatschen. Paolo ist ebenfalls Anfang 50 und als Läufer ein Spätberu-fener. Nicht nur das verbindet uns. Sein Sohn Francesco ist drei Jahre alt, meine Tochter Mara gerade zwei geworden. Papas im besten Alter. Die Themen gehen uns nicht aus.

Neuanfang mit fast 50

Mit Anfang 40 hat es ihn gepackt. Zuvor noch nie ernsthaft Sport getrieben, beginnt er übergewichtig mit dem Laufen. Nach nur 50 Tagen Training star-tet er 2002 beim *Florenz-Marathon*. Er liebt das Laufen wie ich. Besonders das Laufen in der Wüste. Er braucht drei Jahre, um fit zu werden für seinen (ersten) großen Traum: den *Marathon des Sables*. Er wird 28., nur drei Itali-ener sind in 20 Jahren jemals besser gewesen. Zwei Jahre später schafft er Platz sieben bei der *Libyan Challenge*, danach Rang drei beim *Sahara Race* in Ägypten. Sein bestes Jahr als Läufer erlebt er 2009: Paolo Barghini siegt beim *Transsaharienne* in Algerien (260 Kilometer nonstop) und gewinnt das *Sahara Race*.

Das Laufen bedeutet ihm plötzlich noch mehr als sein Job. Paolo Bar-ghini ist Mediziner, arbeitete viele Jahre in der Notaufnahme im Kranken-haus in Siena und danach an der Universität. Er forschte über Osteoporose. Das alles lässt er 2009 zurück. Er schmeißt den sicheren Job hin und fängt mit knapp 50 noch mal neu an. Aus der Liebe zum Laufen entsteht seine neue Selbstständigkeit als Coach. In seiner Heimatstadt Carrara betreut er Hobbylaufgruppen, er hält Vorträge und leitet Seminare. Vier italienische Läufer haben ihn damit beauftragt, sie für das *Sahara Race* vorzubereiten. Das alles erzählt er mir völlig uneitel. Seine Erfahrung ist gefragt. Und sie macht ihn in der Wüste so stark.

Aber wir sind ja zum Laufen in die Wüste gereist, nicht zum Kaffee-klatsch. Es ist Samstag, am folgenden Tag geht's los. Briefing, Equipment-Check – das Übliche. Drei Stunden fahren wir von Urumqi aus mit dem Bus in die Wüste. Das Lager befindet sich auf etwa 1800 Meter Höhe, und wir blicken bei wohligen 38 Grad auf einige schneebedeckte 5000er, die um uns herum in den Himmel ragen.

Der erste Tag ist und bleibt der schwierigste

Sonntagmorgen um acht Uhr startet die erste Etappe über 35 Kilometer. Der erste Tag ist der schwierigste. Nach den Tagen des Reisens und Wartens muss man erst die nötige Spannung finden. Paolo geht es wie mir: Wir fragen uns nach dem Sinn, wir sind müde, wir haben das Gefühl, dass irgendwo irgendwas zwickt, und obwohl alle versuchen, möglichst cool zu bleiben, ist es nun vorbei mit »148 Mails checken und mal kurz die Welt retten«. Es wird ernst, 250 Wüstenkilometer liegen vor uns.

Vorn rennen einige los – um mal ein anderes Bild zu bemühen – wie Fünftklässler nach der letzten Schulstunde vor den Ferien. Ich sortiere mich in den Top 10 ein – Paolo läuft ein paar hundert Meter vor mir. Die nächsten 22 Kilometer geht es gefühlt senkrecht rauf und wieder runter. Jetzt weiß ich, warum das hier *Gobi March* heißt. An Laufen ist fast gar nicht zu denken. Die Höhe setzt mir enorm zu. Hätte ich mir auch vorher denken können. Es geht auf 2300 Meter hinauf, das ist eher was für Bergziegen. Zudem konnte ich für die Bergläufe kaum trainieren, da ich nach meiner Anmeldung zum Lauf im Mai von einem Hund attackiert und gebissen worden bin. Die Wunde war mittelmäßig groß, aber ich lief die Wochen danach zur Sicherheit keine Berge mehr, außerdem resultierte eine gewisse Schonhaltung aus dem Biss.

Diese führte zu Verspannungen, und daraus ergab sich bei einem Vorbereitungswettkampf eine sehr schmerzhafte Muskelverhärtung, die von diesem Zeitpunkt an nur noch leichtes Training in der Ebene zuließ. Mein Kniebeuger meldet sich in den Bergen der Mongolei leider viel zu schnell zu Wort. Er macht meinen Plan zunichte, die Strecke einigermaßen zügig zu nehmen. Bald muss ich mir eingestehen, dass das Rennen für heute gelaufen ist.

Ich kümmere mich um Schadensbegrenzung. Mein Freund Paolo kommt hinter Damon Goerke und Jaume Tolosa Anglada als Dritter rein. Bei den Frauen kommt Jennifer Madz aus Australien als Erste rein, sie gibt ihre Führung bis zum Ende der Woche nicht mehr ab. Paolo kommt mir im Ziel entgegen und fragt mich, wo ich so lange war. Sehr witzig! Ich erzähle ihm von meinen muskulären Problemen, und er gibt mir Tipps. Der Mann ist Arzt. Wir sitzen abends lange zusammen am Feuer, und ich lerne viel Neues über das Laufen von großen Distanzen.

Paolo Barghini (l.) ist nicht nur Laufkollege, er ist ein Freund.

Um zwei nach zwölf ist es aus

Über Nacht kommt Nebel auf. Es wird unangenehm kalt und feucht, sodass der Start am folgenden Morgen mehrmals verschoben werden muss. 30 Meter Sicht reichen nicht, um die Wegmarkierungen zu finden. Die Etappe wird auf 22 Kilometer verkürzt. Um zwölf Uhr geht es los, und zwei Minuten später ist der *Gobi March* für mich Geschichte. Ich spüre einen kurzen, stechenden Schmerz im Kniebeuger/Rückseite des Oberschenkels. Ich wandere die nächsten 21 Kilometer ins Ziel – in der Hoffnung, dass sich nur etwas verklemmt hat. Ein Scheitern ist eben schwer zu akzeptieren. Da hilft auch alles Dehnen nicht mehr. Die Rückseite des Oberschenkels ist voll Blut gelaufen. Meine erste richtige Verletzung zwingt mich zur Aufgabe. Der Muskelfaserriss heilt, die Enttäuschung bleibt.

Das Schlimmste ist der Abschied von den Menschen, die ich in diesen wenigen Tagen kennengelernt habe. Der Abschied von Paolo gestaltet sich kurz. Ein gemeinsames Foto mit Daumen hoch. Wir wissen, dass wir uns bald wiedersehen werden. Einige Monate später besuche ich ihn zu Hause in Italien.

Die Abreise kann es in Sachen Abenteuer mit dem Hinflug locker aufnehmen. Die Geländewagen und Fahrer von *Racing the Planet* werden beim Rennen gebraucht. Ersatz ist bestellt. Dieser soll am frühen Abend kommen. Ich sitze mit einigen Crew-Mitgliedern am Feuer, bis auch diese schlafen gehen. Es wird kalt, aber ich möchte meine Jungs und Mädels im Zelt nicht beim Schlafen stören und bleibe draußen. Auf Nachfrage bei der Rennleitung ist man erstaunt, dass ich noch da bin. Alina bringt mich zu den chinesischen Helfern, die etwas abseits ein kleines Lager haben. Dort komme ich unter und warte auf den Morgen. In der tiefen Dunkelheit gehen alle davon aus, dass der Fahrer das Lager nicht findet. Im Zelt ist es kuschelig. Die Chinesen rauchen irgendein Tabakskraut – und davon viel. Aber ich bin so mit meiner Rennaufgabe beschäftigt, dass mir auch das egal ist. Am folgenden Morgen um fünf Uhr kommt der chinesische Fahrer auf mich zu. »Hallo, ich heiße Oliver«, sagt er in astreinem Deutsch zu mir. Er hat in Berlin studiert und arbeitet als Touristenführer in der Mongolei. Das Lager hatte er nachts tatsächlich nicht gefunden. Navigieren ist also nicht seine Stärke, dafür hat er vom Autofahren auch überhaupt keine Ahnung. Beim Losfahren setzt er unseren Wagen erst einmal kräftig auf. Der Wagen ist ein kopierter Audi A3. Unverkennbar! Ob mit Lizenz oder ohne – ich weiß es nicht. Audi stand jedenfalls nicht drauf. Wir sind auf 2500 Metern Höhe. Hier oben gibt es keine Straßen, nur ausgewaschene Gebirgspfade. Egal. Beste Voraussetzungen dafür, dass Oliver das noch mal richtig spannend machen kann. Der Wagen leidet sehr, aber wir kommen auf besser befahrbare Wege. Auf der Autobahn nach Urumqi fahren die Lkw dreispurig nebeneinander und wir mit dem Copy-and-Paste-Audi zickzack zwischendurch. Irgendwann kommen wir tatsächlich in Urumqi an.

Mein Büro hat alles unternommen, um mich schnell in die Heimat zu kriegen. Noch am selben Abend geht mein Flieger zurück nach Deutschland. Ich nutze den mir verbleibenden halben Tag und lasse mir das Sportstudio mit Spa-Bereich vom Hotel nebenan empfehlen. Dem Masseur erkläre ich kurz mein Problem am Bein. Danach gehe ich in die Sauna. Ich ziehe mich aus. Irgendein junger Chinese rennt mir ständig mit einer Badehose in der Hand hinterher. Die chinesischen Männer jedoch sind alle nackt. Wahrscheinlich denkt er, ich sei Engländer oder Amerikaner, die ja schon mal gern in Shorts in die Sauna rennen. Nach dem Saunagang zeigt man mir einen abgedunkelten Raum voller großer hydraulischer Ledersessel. Sieht aus wie der Friseurstuhl in alten Hollywoodfilmen. Ich nehme Platz. Vor mir

Am ersten Tag lief es noch rund. Dann kam der Muskelfaserriss.

ein voll vernetztes iPad mit beweglicher Halterung. Die reichen Chinesen neben mir schauen Sport oder Aktienkurse und lassen sich dabei die Füße und Hände pedi- und maniküren. Ich trinke Tee und lasse schon mal gerade überhaupt niemanden an meine Füße. Ich finde das ganze Szenario bereits ziemlich abgefahren, als einer der Empfangschefs zu mir kommt und nachfragt, ob ich eine Massage möchte. Ich erkläre ihm kurz, dass er mir doch vor zwei Stunden eine Massage organisiert hatte. Er meint, es handele sich jetzt um eine »Women's Massage«. Ich erwidere ernsthaft, dass mir das eigentlich egal ist, ob mich Männer oder Frauen massieren. Ich bin ja manchmal so clever! Es dauert nochmal eine Minute, bis ich es kapiere.

Den Ausgang des Rennens verfolge ich von zu Hause aus. Der Australier Goerke gewinnt auch die dritte und vierte Etappe. Die Wüste Gobi wird zum Glutofen. Das Turpan Valley, auch »The Oven« genannt, heizt sich am vierten Tag bis auf 50 Grad auf. Es ist der heißeste und trockenste Ort Chinas – 154 Meter unter dem Meeresspiegel. Paolo, mit dem ich per Mail in Kontakt bleibe, schreibt: »Das Wasser an den Checkpoints ist so heiß, dass ich es beim ersten Schluck vor Schreck wieder ausgespuckt habe.« Die Griffe seiner Stöcke konnte er ohne Handschuhe nicht mehr anfassen.

Nach der längsten Etappe über 80 Kilometer am fünften Tag ist die Entscheidung gefallen. Goerke, Tolosa und der Südafrikaner Cloete führen bis zehn Kilometer vor dem Ziel das Feld an. Paolo Barghini schließt zu Tolosa und Cloete auf, die aber so erschöpft sind, dass an Laufen nicht mehr zu denken ist. Gemeinsam marschieren Sie die letzten acht Kilometer ins Ziel. *Gobi March* eben. Damon Goerke gewinnt alle Einzeletappen in dieser Woche. Der letzte Tag über 20 Kilometer ändert nichts mehr am Gesamtergebnis. Damon Goerke gewinnt vor Jaume Tolosa Anglada und Paolo Barghini. Ein erfolgreicher Lauf mit einer Topplatzierung ist eine schöne Sache. Genießen und nicht zu weit das Maul aufreißen, denke ich mir danach immer. Wenn man scheitert, ist es natürlich sinnvoll, sich erst recht bedeckt zu halten. Für die Zukunft lernen kann beim Scheitern auf jeden Fall mehr als beim Gelingen. Beim *Gobi March* ist der Grund für mein Scheitern aufgrund des massiven Muskelfaserrisses eindeutig, und dadurch ist es für mich auch erträglich. Ich bin zu Hause sehr schnell klar mit der Situation. Fazit: Ich war bescheuert, verletzt in ein derartiges Rennen zu gehen, aber der nächste Lauf wird kommen und die neu gewonnene Freundschaft bleibt.

Sonderturnen

ch war schon vor meinem ersten Geburtstag zügig auf zwei Beinen unterwegs, und clever war ich auch – das hat sich allerdings über die Jahre wieder verwachsen. Im Kindergarten gab es draußen im Park immer ein Nachlaufspiel um eine große Gruppe Kinder herum. Und so liefen und liefen wir immer, bis einer den anderen gekriegt hatte. Eines Tages blieb ich plötzlich stehen und lief in die andere Richtung, mit dem Ergebnis, dass der andere Zwerg mir prompt in die Arme lief. Da war er, der Moment der Cleverness. Die anderen Kinder hatten das Konzept bald übernommen, und so musste ich doch wieder rennen.

Gleich zu Anfang der Grundschule vermutet mein Turnlehrer Herr Thanisch ein gewisses Talent und empfiehlt meiner Mutter, dass ich von nun an zwei Mal in der Woche zu ihm zum Sonderturnen kommen soll. Herr Thanisch ist auch der Trainer des örtlichen Sportvereins TV Hostenbach 1898 e. V. und hat seiner kleinen Fördergruppe den sensationellen Namen »Sonderturnen« gegeben. Nun ja, wir sprechen von Mitte der 60er-Jahre. Das »Sonderturnen« wird meine zweite Heimat und hat nichts mit der von Orthopäden heutzutage gern verschriebenen Krankengymnastik zu tun. Herr Thanisch bringt uns alle Sportarten der Leichtathletik bei. Beim Hochsprung können wir schon den Fosbury-Flop, während alle anderen noch den Straddle springen. Er lässt uns Autoreifen mit Gurten über den Fußballplatz ziehen, aber auch technische Disziplinen wie Speerwurf werden gelehrt. Über die Jahre werden wir besser und besser. Allerdings werden wir natürlich auch älter und kommen in die Pubertät. Die ersten gelegentlichen Partys am Samstagnachmittag mit *The Sweet, Slade* und *T. Rex* bringen schließlich ganz neue schmerzhafte Erfahrungen. Dafür sind nicht die manchmal zu engen Hosen oder gar die Plateau-Schuhe verantwortlich, sondern riesiger Liebeskummer, verursacht durch unsere gleichaltrigen Sportlerinnen, denen wir jetzt ganz anders hinterherjagen als noch vor ein paar Jahren.

Mit seiner Einschätzung meines Talents sollte Herr Thanisch allerdings Recht behalten. Immerhin konnte ich zweimal die Ortsmeisterschaft im

Dreikampf gewinnen. Nix wirklich Aufregendes – aber ich fand es damals super. Ich war ja noch klein. Zu Kreismeisterschaften werde ich schließlich als Läufer oder Weit- und Hochspringer geschickt, und auch dort stehe ich auf dem Podest. Das war's dann aber auch schon mit dem Sport im Stadion. Mich reizt es auch damals schon, immer wieder neue Dinge auszuprobieren. Im Oval gegen die Zeit zu laufen war da nur eine Möglichkeit. So erinnere ich mich sehr gut an die Geländeläufe, bei denen ich im Winter immer gestartet bin. Ich laufe jedes Mal wie ein Berserker – und habe unglaublich viel Spaß dabei. Im Ziel kotze ich meistens. Glück und Kotzen kam mir im direkten Zusammenhang nicht mal komisch vor. Ich war mir sicher, dass dies zu einer ordentlichen Leistung dazugehört.

Herr Thanisch war prima, er war für mich eine Respektsperson und mir ein väterlicher Freund. Ich verglich ihn immer mit dem Guten aus einem Westernfilm. Einer, der alle beschützt und am Ende dafür sorgt, dass die Bösen sterben, sodass alle in der Schlussszene wieder lachen. Ich habe ihn vor ein paar Jahren angeschrieben und berichtet, was in den 35 Jahren seit meinem Wegzug von Hostenbach aus mir wurde. Er hat einen sehr liebevollen Brief zurückgeschrieben – er ist mittlerweile weit über 80 Jahre alt, doch er konnte sich an sehr viel erinnern. Das hat mich sehr berührt, seinen Brief zu lesen.

Die Zeit in Hostenbach geht zu Ende. Wir ziehen mal wieder um. Ich bin 15, aus dem Mofa wird ein Moped, aus Mädels werden Frauen, aus Problemen werden Dramen. Da sind keine Kapazitäten mehr frei für das Thema Leichtathletik. Aber unser neues Schulsystem bringt mich wieder zurück zum Sport. Wir sind der erste Jahrgang, der nach der Oberstufenreform im Saarland Abitur macht. Dies wird die Einladung zu einem modernen Leben – wir sind noch in den 1970er-Jahren, aber ich habe das 21. Jahrhundert vorweggenommen. Sport, Englisch und Physik werden meine Leistungskurse. Heute wäre es ein Bachelor für Fitness, Kommunikation und ein bisschen Technik. Daraus wird dann meist der Sportmarketing-Profi. In meiner Abiprüfung im Fach Sport läuft es jedoch zunächst durchwachsen. Direkt zu Beginn der Prüfung versaue ich meinen 100-Meter-Lauf. Das will ich bei der letzten Disziplin, dem 1000-Meter-Lauf, unbedingt wieder korrigieren. So

Mein erster Trainer, Herr Thanisch, antwortet 2009 auf meinen Brief.

Gerhard Thanisch   Hostenbach; den 16.12.2009

Lieber Rafael,

über Deinen netten Brief habe ich mich sehr, sehr gefreut. Die Erinnerung an
Dich wird immer mal wieder wachgerufen, wenn ich Deinen Namen in meinen
leider unvollständigen Unterlagen, Ergebnislisten oder Presseberichten lese.
Ich besitze auch noch ein Schriftstück von Dir, von dem ich im Augenblick nicht
weiß, worum es sich handelt bzw. wo ich es suchen müsste. Es könnte sich um
einen Mitgliedsausweis handeln, den ich immer wieder, wenn er mir begegnete,
beiseite legte, um ihn Dir eines Tages zu übergeben. Du merkst, ich denke
auch gern an die sportliche Begegnung mit Dir zurück, weil Du einfach ein
angenehmer Sportfreund warst.
Ich hoffe, dass es Dir in Honnef gut geht und Du eine zufriedenstellende
berufliche Beschäftigung gefunden hast. Diese würde mich sehr interessieren,
da ich mittlerweile sehr der klassischen Musik zugeneigt bin, immer wieder
Konzerte besuche und bemüht bin – im Rahmen meiner sehr bescheidenen
Möglichkeiten – zielstrebige Musikschüler und -Studenten zu unterstützen.
Meine größte Vision ist es, einer jungen Pianistin, die zur Zeit in London an der
Royal Academy of Music studiert, einen Konzertauftritt in unserer Region zu
vermitteln. –
Dass Du wieder Sport treibst - und dann auch noch den sehr fordernden
Ausdauersport bevorzugst – finde ich gut, obwohl ich der Meinung bin, dass
man sich nicht ohne weiteres auf die frühere Leistungsfähigkeit berufen kann,
wenn man zwischendurch pausiert hat. Aber Du weißt das. –
Deinen Familienstand kenne ich nicht. So bleibt mir abschließend nur, Dir und
denjenigen, die Dir nahe stehen, alles Gute zu wünschen, vor allem schöne
Feiertage und eine stabile Gesundheit.
Grüße auch bitte Deine Eltern und Bruder Medard, der unserer
Sportgemeinschaft ebenfalls angehörte.
Vielen Dank für die Kontaktaufnahme.

Mit freundlichen Grüßen

Gerhard Thanisch

Herrn
Rafael fuchsgruber
-Auf dem Niederkalberg 21-
53 773 Hennef

Mit meiner Tochter bin ich auf der ehemaligen Trainingsbahn des
TV Hostenbach 1898 e.V. unterwegs.

laufe ich im Stadion in Saarbrücken mit 2:31 Minuten über die Ziellinie und somit nur um ein oder zwei Sekunden am damaligen Saarlandrekord vorbei. Und dies ohne dafür gezielt trainiert zu haben. Da ist die Überraschung groß, vor allem bei mir selbst. Der Gedanke, dass Herr Thanisch frühzeitig einen Blick für mein Talent hatte, hält mich dennoch nicht davon ab, kurze Zeit später die Sporttasche für die nächsten 20 Jahre in die Ecke zu schmeißen. Jahre, die einen völlig anderen Verlauf nehmen werden, als ich es mir damals vorstellen konnte. Vor allem der Gedanke, noch einmal intensiv Sport zu treiben, ist in dieser Zeit meilenweit weg. Ich genieße das Leben, und das fühlt sich mit meinen knapp 18 Jahren gut an. Das Abi bestehe ich erstaunlicherweise, obwohl ich den Physik-Leistungskurs mit null Punkten abschließe. Bis heute bilde ich mir ein, dass die Möglichkeit, mit einem Null-Punkte-Ergebnis in einem LK das Abitur zu bestehen, vom Kultusministerium direkt im folgenden Jahr geändert wurde. Seitdem benötigt man mindestens einen Punkt im Leistungskurs. Tut mir leid, Jungs und Mädels.

Jordan Race

Nach meinem dritten Platz beim *Sahara Race* 2010 und meiner Aufgabe mit Muskelfaserriss in der Wüste Gobi im Jahr darauf war das Ziel meiner Vorbereitung für die 250 Kilometer in Jordanien klar: gesund und gut gelaunt an der Startlinie stehen. Wer einmal ein großes Rennen über viele Monate vorbereitet hat und ausgeschieden ist, weiß, wie lange ein Scheitern nachhängen kann.

Die Kulisse, die uns 150 Läufer aus 38 Ländern erwartet, ist gewaltig. Das Wadi Rum ist das schönste Stück Landschaft, welches ich bei meinen verschiedenen Wüstenläufen erleben durfte. Der Film *Lawrence von Arabien* wurde hier gedreht – wir kommen aus dem Staunen kaum 'raus.

Zurück zur Arbeit

Check-in an Tag eins. Es liegen 250 Kilometer in sechs Etappen vor uns. *Racing the Planet* hat sich als mein Lieblingsveranstalter etabliert. Vor jedem Lauf wird von ihnen die Pflichtausrüstung eines jeden Läufers kontrolliert – Sicherheit geht vor. Außerdem: Jeder muss für die Woche 14 000 Kalorien an Nahrungsmitteln mitführen.

Ich treffe Paolo Barghini wieder. Er bringt mich im »Italienzelt« unter. Wir sind acht Italiener, Christoph Harreither aus Österreich und ich. Lebensfreude pur. Es ist laut bei uns, und es gibt richtiges und extrem leckeres Essen am Abend vor dem Start. Die Kollegen aus den anderen Zelten sitzen mir ihren Instantfood-Tüten um das Feuer. Wir »Italiener« schieben ein paar Pappkartons zusammen, die uns als Tisch dienen, und alles wird ausgepackt. Schinken, Käse, Pasta und zahlreiche weitere Spezialitäten und Leckereien. Die anderen Teilnehmer staunen nicht schlecht, und ich habe für meine nächsten Rennen etwas gelernt: Richtiges Essen für den Abend vor dem Start von zu Hause mitbringen ist Gold wert. Paolo und ich beschließen in der Nacht vor dem Start, die erste Etappe gemeinsam relativ hoch anzugreifen. Der Gedanke ist ein taktischer: Gelingt es uns an den ersten beiden Tagen, einen relevanten Vorsprung 'rauszulaufen, finden sich die Verfolger

Los geht's: Start des *Jordan Race* 2012.

gelegentlich mit dem Status ab, dass die Plätze eins oder zwei nicht mehr zu knacken sind. Der Plan kann aber auch ganz schön in die Hose gehen.

Etappe eins: Start um 7 Uhr | 38 Kilometer

Zwei Brüder aus Australien gehen sehr schnell raus. Paolo und mir sind die beiden Jungs schon aufgefallen, als wir im Hotel eingecheckt haben. Die beiden standen mit Schwester und Vater in der Anmeldeliste. Machte für mich im Vorfeld den Eindruck einer »Family-affair«, aber die zwei jungen Männer sehen aus, als könnten sie einen Marathon unter 2:40 Stunden laufen. Ich gehe vor den Rennen jedes Mal die Teilnehmerlisten durch, um zu checken, wer als Konkurrenz infrage kommt. Über die Jahre weiß ich, wer in dieser Szene schnell laufen kann, die beiden sind mir jedoch gänzlich unbekannt. Newcomer mit guten Zeiten auf der Straße tun sich in der Regel bei den ersten Wüstenrennen schwer und sind nicht so relevant für die Top-3-Platzierungen.

Paolo ist mit dem Ersten unterwegs, ich bleibe bei dessen Bruder, wir folgen dem Führungsduo mit 200 Metern Abstand. Wir wollen sie nicht ziehen lassen, aber das Tempo ist mörderisch. Bei Kilometer 20 ist die Luft bei den Jungs raus. Paolo erzählt am Abend des selben Tages, dass er gerade in jenem Moment beschlossen hatte, seinen Laufpartner ziehen zu lassen, als der Australier mitten auf der Strecke stehenblieb und sich übergeben musste. Kurz darauf kamen wir Verfolger an die Stelle. Sein Bruder hielt an und blieb bei ihm. Ich zog mit Paolo von dannen.

»Don't kill yourself on the first day!«, geht mir durch den Kopf, als es schon zu spät ist – gegen Ende der Etappe muss ich dem hohen Tempo Tribut zollen. Mein Oberschenkel krampft leicht bösartig, genau an der Stelle, an der ich mir das Jahr zuvor den Muskelfaserriss zugezogen hatte. Kurz habe ich Angst davor, wieder nach Hause fahren zu müssen. Doch in der Woche des *Jordan Race* ist es das einzige Mal, das ich Angst spüre. In diesem Moment zieht Peter Lee aus Hongkong an mir vorbei. Ebenso meine Kollegin Katja Fingini, die mich mitnehmen will. Doch keine Chance – ich muss die letzten drei Kilometer gehen und beschließe, den Rest der Woche brav zu sein. Soviel zum Thema Erfahrung und Taktik nach all den Jahren. Ich habe es versaut. Ich bin auf den letzten Metern fertig und könnte mir selbst eine reinhauen. Im Ziel bin ich Vierter, und dass der Tag anstrengend war, sieht man mir deutlich an.

Auf den Plätzen vor mir sind ausnahmslos Profiläufer. Damit kann ich leben, ärgere mich aber dennoch den gesamten Nachmittag über meine Blödheit. Eine fette Krise zu Anfang hat auch etwas Gutes. Erlebt man so etwas gleich zu Beginn, besteht immer die Möglichkeit, in der Folge besser zu werden. Dann kann man sich noch steigern. Schon die zweite wichtige Erkenntnis nach dem »Real-Food-Abendessen« am Vortag.

Eine weitere Tatsache macht mir zusätzlich Hoffnung: Das Rennen findet zu 80 Prozent im Sand statt, bringt es aber trotzdem auf über 4500 Höhenmeter. Somit ist klar, dass noch sehr viel passieren kann im Lauf der Woche.

Etappe zwei

Es stehen wieder 38 Kilometer im »Roadbook«. Auf der heutigen Etappe erwarten uns weicher Sand und zahlreiche Anstiege. Der Entschluss, nur noch auf mich zu schauen, ist mein Weg aus der Krise des ersten Tages.

Die Strapazen bilden sich in meinem Gesicht ab (links).
Die Führenden: Paolo Barghini, Peter Lee und ich (v. l. n. r.).

Paolo bleibt in Sichtweite, der Zweitplatzierte Peter Lee auch – erfreu-
licherweise heute hinter mir! Seine Versuche, zu mir aufzuschließen, kann
ich immer wieder abwehren. Paolo gewinnt die zweite Etappe, ich werde
Zweiter. In der Gesamtwertung liege ich nun auf Platz drei mit 15 Minuten Rückstand zu Peter. Katja führt die Frauenwertung auf Platz vier in der
Gesamtrangliste liegend an und wird später auch Gesamtsiegerin. Etappe
drei und vier gestalten sich mit 40 Kilometer Länge ähnlich. Es gibt kaum
besondere Vorkommnisse, mit der Ausnahme eines kleinen Privatrennens
zwischen Paolo und mir auf einem Salzsee. Der Tag ist lang, da kann man
schon mal drei Kilometer Vollgas geben. Peter und ich kommen jeweils mit
wenigen Sekunden Abstand nach Paolo über die Ziellinie.

Die Landschaften, die Schluchten und die riesigen Felsen in dieser Region sind sehr beeindruckend. Die Tatsache, dass diese Landschaft vor gut
30 Millionen Jahren entstanden ist, das extreme Wetter und der beeindru-

Ein heftiger Sandsturm droht, das Camp wegzublasen.

ckende Wind, die roten Sand- und Granitsteine, das alles hinterlässt spür-
baren Eindruck bei mir. Erdgeschichte pur, und das sehr anschaulich. Die
Kraft der Natur erwischt uns am späten Nachmittag. Mein erster amtlicher
Sandsturm bricht über uns herein. Erst versuchen wir noch, die Stangen
zu halten und die Zelte zu retten. Aber der Wind ist unerbittlich und wird zu
stark. Alle müssen sich in Sicherheit bringen. Wir geben die Zelte auf. Ich
laufe aus dem Camp heraus und schmeiße meinen Rucksack in den Sand.
Ich lege mich darauf, damit von meinem Equipment nichts wegfliegt. Nach
einer halben Stunde ist der Spuk vorbei. Keine Verletzten! Wir suchen unsere Zelte wieder zusammen und bauen das Lager erneut auf. Einiges fehlt,
aber ein bisschen Schwund ist immer.

Aber auch die Aufregung am Nachmittag im Camp am Ende der vierten
Etappe ist nicht ohne. Eine Schlange wird gesichtet. Ihre Höhle, in die sie
sich zurückzieht, liegt mitten im Lager. Wir bewachen das Loch und warten

auf die »Locals«, um mit Schippe und Spaten Jagd auf das arme Tier zu machen. Auf meine Frage nach der Giftigkeit sagt der Arzt nur: »No chance.« Wir erwischen sie, und der Spaten trennt den Kopf vom Rest der Schlange. Es tut mir in der Seele weh um das schöne Tier. Aber da war kein Raum für Diskussionen. Es gab nur diesen Weg. Den Kopf vergraben wir tief im Sand, nachdem genügend Fotos von »Mensch mit Schlangentorso« gemacht wurden. Wir gehen entspannt ins Bett.

Etappe fünf: Die Königsetappe
Die 89 Kilometer mit 2600 positiven Höhenmetern und 2300 Metern »Downhill« flößen allen Läufern Respekt ein. Wir haben Temperaturen von fast 40 Grad, Sand, das Gewicht des Rucksacks und bereits 160 Kilometer von den Vortagen in den Beinen. Es gibt bessere Voraussetzungen. Aber ich bin fest entschlossen: Diese lange Etappe ist meine! Ich bin nicht unbedingt der Beste auf Ultradistanzen, aber ich liebe diese langen Tage in der Wüste. Und diesen wollte ich mir nicht versauen mit dem Angriff auf Platz zwei, sondern als bester Amateur hinter den Profis happy sein. Zwei Jahre zuvor beim *Sahara Race* hatte ich keinen schönen langen Tag, als ich Matt hinterherrannte. Das wollte ich nicht wiederholen.

Notiz an mich selbst für den heutigen Tag: Mein Tempo ist meine Sache, und was die beiden Führenden machen, ist mir egal. Die Zwei sind schnell weg, und ich genieße auf den ersten 30 Kilometern diese irrsinnigen Canyons, durch die wir laufen dürfen. Es ist extrem heiß, in den Schluchten steht die Luft. Manche mögen's heiß – genau mein Wetter.

Es wird mein schönster Lauftag ever, und ich bedanke mich bei Ultra Carlos, dem »Course-Director« in Jordanien. Wie erwähnt: Für diese Wüstenrennen braucht es unbedingt vorher einen konkreten Plan, und gleichzeitig muss man die absolute Bereitschaft aufbringen, diesen sofort in die Tonne zu kloppen, wenn die Umstände es erfordern. Und so passiert es. Bei Kilometer 40 sitzt auf einmal Peter Lee am Checkpoint. Probleme an seinem Rucksack zwingen ihn zu einer Pause. Nach all den Jahren kommt bei mir sofort der »Wüstenfuchsgruber« raus. Ich lege alle Schalter um und nehme vollen Angriff auf Platz zwei! Es geht dabei jedoch nicht um die Platzierung an sich, sondern eher um die Frage, ob ich mein Bestes gebe. Zunächst lautete das Motto »Genießen der Königsetappe«, und das hatte bis zu diesem Zeitpunkt gut geklappt. Jetzt geht es allerdings darum, ob ich

Freunde (in) der Wüste.

nach vier Stunden Dödeltempo noch mal den Arsch hochkriege zur Attacke. Der dritte Platz ist auch gut, aber ich will mich zu Hause nicht wochenlang mit der Frage beschäftigen müssen, ob es nicht noch für eine bessere Platzierung gereicht hätte. Hätte, hätte, Fahrradkette. Konjunktiv ist nicht so meine Sache. Ich mag es konkret, jetzt und sofort.

Nach diesem Checkpoint kommen zehn Kilometer mit einem Anstieg von über 800 Metern Länge. Ich laufe, was der Puls bergan zulässt, und in der Ferne sehe ich Paolo. Er geht, ich laufe. Peter ist weit hinter mir. Ich halte das Tempo. Am letzten Checkpoint erreiche ich Paolo. Wir besprechen uns kurz und beschließen, die letzten zehn Kilometer noch mal gemeinsam anzugreifen. Paolo müsste das nicht tun – er hat das Rennen de facto schon gewonnen –, aber er unterstützt mich auf dieser letzten Etappe. Wir konzentrierten uns fortan ausschließlich aufs Laufen, und das wird heftig. »Hinten sind die Enten fett«, sagte mal ein Kollege beim *Ironman* zu mir. Ich bin ziemlich durch, obwohl Leiden in meiner DNA fest verankert scheint. Wir rocken in Richtung Ziel. Am Ende geht es durch ein kleines Dorf bei Petra. Zum Schluss müssen wir mit zitternden Beinen einen langen Geröllhang hinun-

Chizuko Kida aus Japan, 60 Jahre alt, Finisher.

Selbst der Untergrund flimmert in der Hitze.

ter zum Lager laufen. Die Skorpione unter den losen Steinen erschrecken sich ein wenig. Hier kommt sonst keiner lang, und wir sind ja die Führenden und demnach die Ersten am heutigen Tag. Dies ist in Regionen mit vielen Schlangen oder Skorpionen durchaus ein Nachteil, das habe ich öfter mal erlebt.

Paolo besteht darauf, dass ich nach 11:09 Stunden als Erster über die Ziellinie laufe. Ich sei jetzt alt genug, um die Königsetappe zu gewinnen – sagt der 51-Jährige zum 50-Jährigen. Trailläufer sind anders. Er schenkt mir den Tagessieg, und wir liegen uns in den Armen.

Paolo hat das *Jordan Race* in 27:11 Stunden gewonnen. Meine Zeit am Ende der Woche beträgt 27:48 Stunden.

Ich bin happy, es geht mir einfach saugut. Ich muss jedoch erst noch die Ankunft von Peter Lee abwarten. Als er ins Ziel einläuft, wird klar, dass sein Zeitpolster aufgebraucht ist und meine Entscheidung zum Angriff richtig war. Der zweite Platz ist meiner. Wer kämpft, kann verlieren – wer nicht kämpft, hat schon verloren. Ein wahres Wort von Rosa Luxemburg. Bertolt Brecht hatte es sich auch schon bei ihr ausgeliehen.

Die letzte Etappe am folgenden Tag über acht Kilometer in Richtung Felsenpaläste von Petra bringt keine Veränderung mehr. Ich gehe abseits vom Lager in ein kleines Seitental und rufe meine Frau an. Bis dahin ist noch alles entspannt, ich bin ganz ruhig. Als ich Ute am Telefon habe, versteht sie erst mal kein Wort und macht sich größte Sorgen. Ich heule Rotz und Wasser und kriege keinen verständlichen Satz zusammen. Es dauert lang, bis sie mein Gestammel versteht: »Mir geht es gut, ich bin Zweiter, ich will nach Hause.«

Die Kühlschranktür und die Freiheit

Von Extremen in die Tiefe gerissen und durch Extremes wieder ins Leben zurück gefunden. Das Laufen hat mir geholfen, wieder zu einem Menschen zu werden, von dem ich sehr lange Zeit nur vermuten konnte, dass dieser in mir noch existiert.

Zeitlicher Abstand ist ein probates Mittel, um sich schweren Themen nähern zu können. Vor elf Jahren und sieben Tagen habe ich die letzte Flasche Bier in die Spüle geschüttet. Ich wollte damals schlafen gehen. Es war nach ein Uhr nachts. Ich war bereits dicht, und es reichte eigentlich. Aber die eine Flasche Weizenbier im Kühlschrank ließ mich durchdrehen. Diese Diktatur des Alkohols machte mich in diesem Moment echt stinkig. Ich kam an dieser Flasche nicht vorbei. Keine Ahnung wieso es in dieser Nacht passierte, aber ich wollte wahrscheinlich meine Freiheit zurück.

Ich habe Unmengen gesoffen.

Alkoholismus beginnt nicht ab einer gewissen Menge Alkohol, die man regelmäßig zu sich nimmt. Die Mengen, die beim Einzelnen zum Problem werden, können sehr unterschiedlich sein. Die Abhängigkeit kann in unterschiedlicher Ausprägung sichtbar werden. Aus Respekt vor diesen schwierigen Suchtproblemen und vor denen, die davon betroffen sind oder darüber nachdenken, ob sie betroffen sind, gehe ich nicht weiter auf meine Mengen ein. Ein Suchtproblem beginnt nicht erst bei X Litern am Tag. Das Thema ist zu ernst.

Mein Arzt warnte mich ab Mitte der 90er-Jahre mehrmals, dass meine Leberwerte und mein Blutdruck mittlerweile lebensverkürzende Ausmaße angenommen hätten. Mein Magen war so im Eimer, dass ich zwar Weizenbier getrunken, aber Campari gekotzt habe. Die Magenschleimhäute waren so am bluten, dass ich viele Nächte zusammengekauert auf dem Boden liegend vor der Toilette verbracht habe. Am Schluss bin ich beinahe verdurstet. Ich bekam kein Wasser mehr in mich rein. Selbst wenn ich es angewärmt hatte, schoss es sofort wieder aus meinem Magen zurück. Auch ein Grund, weswegen mich heute die Frage, ob ein Wasserglas halbvoll oder halbleer ist, nicht mehr interessiert. Hauptsache, es ist da und das Wasser geht rein. Ich wollte meine Freiheit zurück, die ich knapp 20 Jahre vorher an der Kühlschranktür abgegeben hatte.

Zunächst war da die Zeit meines Auszuges von zu Hause. Mein Vater trank immer Bier oder Wein am Abend. Für mich ein immer wiederkehrendes und selbstverständliches Muster wie der Sonnenauf- und -untergang. Seine Ausraster waren das Problem. Das nahm ich ihm krumm, weil ich fand, dass man Alkohol auch genießen kann, ohne gewalttätig zu werden. Mit 18, in meiner ersten Wohnung mit meiner damaligen Freundin Margit, war es für mich normal, abends drei Flaschen Bier zu trinken. Es gab einen Aldi, und dort gab es das Sixpack mit der guten Karlskrone. Das reichte für zwei Tage. Dabei blieb es für lange Zeit. Dazu kamen irgendwelche wilden Partys, auf denen sich fast alle Jungs abgeschossen haben. Klar wurde aber früh, dass ich mit Schnaps nicht umgehen kann. Bei einem Sprachaufenthalt in England lernte ich ein paar Austauschschüler aus meiner Geburtsstadt Würzburg kennen.

Wochen später machte ich mich mit meinem Moped vom Saarland auf den Weg nach Würzburg, um dort an einer Geburtstagsfeier teilzunehmen. Die Party war etwas lahm, und ich spielte mit dem Gedanken, noch in der Nacht mit meiner heißgeliebten Hercules Ultra zurückzufahren. Aus diesem Grund hatte ich mich über lange Strecken des Abends mit Bier zurückgehalten. Irgendwie überredeten mich die Jungs dann doch zu bleiben, und da ich in Sachen Alkohol etwas hinten lag, trank ich ein Wasserglas voll Schnaps – zwei Züge und das war's. Filmriss! Die Eltern der gastgebenden Jungs waren wohlhabende Reeder, und dementsprechend sah auch der Pool im Garten des imposanten Hauses aus. Den Erzählungen zufolge habe ich mich kurz nach dem Schnaps ausgezogen und mehrfach versucht, vom Balkon im ersten Stock in den Pool zu springen. Die anderen haben mich davon abgehalten. Aus zwei guten Gründen: Der Pool war etwa zehn Meter von der Balkonbrüstung entfernt, und zudem war die Nachtabdeckung schon über das Becken gezogen worden. Peinlich. Dieser Vorfall machte damals bereits deutlich, wie sehr mich Alkohol enthemmen konnte. Die Heimfahrt am Tag darauf wurde bitter für mich. Ich musste zwischen Darmstadt und Mannheim mitten auf der Autobahn das Moped abstellen und habe mich an die Böschung gelegt, um etwas zu schlafen. Ein besorgter Autofahrer weckte mich irgendwann auf und fragte nach meinem Befinden.

Bis heute muss ich sofort an diese Geschichte denken, wenn ich an der Stelle vorbeikomme.

Mit der Tätigkeit als DJ wird das Thema Alkohol auf ein höheres – und schlimmeres – Level gebracht. Nach getaner Arbeit komme ich fünfmal die Woche betrunken aus irgendwelchen Diskotheken. Das fällt in diesem Umfeld kaum auf, zumal ich mich in der Regel tadellos benehme. Einer meiner Chefs im *Luxor* nimmt mich dennoch zur Seite und bietet mir ein Gespräch zu dem Thema an. Es fällt also doch auf. Clemens hatte Jahre vorher mit dem Trinken aufgehört und natürlich ein Auge für solche Geschichten. Alkoholiker erkennen sich untereinander recht gut. Bemerkenswert: Ein Clubbesitzer, der keinen Alkohol trinkt. Zum Gespräch mit Clemens kommt es nicht, ich bin noch nicht so weit.

Was ich dennoch realisiere, ist die Tatsache, dass ich keinen Tag mehr nüchtern ins Bett komme. Der Alkohol macht mich müde und hilft beim Schlafen. Das ist gut, denn seit Kindertagen habe ich Paranoia vor dem Einschlafen, beziehungsweise davor, nicht einschlafen zu können. Durch meinen Vater war die Nacht in Kindertagen die gefährlichste Zeit. Ich glaube heute, dass diese Angst eine der wichtigen Gründe für mein Saufen war. Ich wusste bereits mit 30, dass ich Alkoholiker bin. Das ist weiter aber nicht schlimm. Mein Vater war ja auch einer. Nur gelingt es mir, einige seiner Fehler zu vermeiden: Ich habe keine aggressiven Aussetzer, und ich terrorisiere meine Mitmenschen nicht. Im Gegenteil. Ich bin sehr freundlich, kommunikativ und eher anschmiegsam. Ich suche das vermeintlich anspruchsvolle Gespräch zu den brennenden Fragen der Welt und diskutiere durch die Nacht. Dies am liebsten mit interessanten Frauen. Läuft also – vorläufig. In diesem Alter hält der Körper noch viel aus, und die Schäden entstehen erst später. Zudem vermutete ich mit 30 Jahren noch, unsterblich zu sein.

Irgendwann ist jedoch Schluss mit dem Nachtleben. Der Rest bleibt wie bisher. Als Konzertveranstalter auf Tournee ist der Gang zum ersten Bier ins Catering gegen Nachmittag nicht ungewöhnlich. Ansonsten trinke ich zu Hause. Geht auch – macht allerdings einsam. Ab Mitte der 1990er-Jahre verliere ich die Kontrolle endgültig. Nach der Zeit mit der Mutter von Maria, bin ich von 1986 bis 1996 mit Yasmine zusammen. Wir trennen uns nach zehn Jahren; nicht wegen Alkohol, unsere Zeit war einfach vorbei. Sie hat unter meiner Sauferei trotzdem sehr gelitten. Ein halbes Jahr später lerne ich Susanne kennen. Sie kann mit Alkoholikern gut umgehen. Ihr Vater war einer. Der ist seit über 30 Jahren trocken. Mittlerweile gehe ich gelegentlich auch nicht mehr ins Büro. Ich nehme mir tageweise Auszeiten, wenn ich weiß, dass nicht viel los ist. Ich verschwinde für mehrere Tage von der Bildfläche. Ich trinke einfach durch, und erste Depressionen legen mich lahm. Wenn es dann gar nicht mehr geht, fängt mich Susanne auf. Es gibt für den geschundenen Magen ein paar gut verträgliche kleine »Beruhiger« in Essensform, und nach zwei Tagen bin ich wieder auf dem Damm.

Ende 1997: Der Koffer mit meinen Ausreden ist leer. Ich finde mich hässlich, innen und außen. Konsequenz: Der kalte Entzug. Meine Entscheidung! Ich mache das mit mir selbst aus, so, wie ich es gewohnt bin. Zur Info: Ein kalter Entzug ist nicht ungefährlich – grundsätzlich sollte er besser unter ärztlicher Aufsicht stattfinden. Ich entscheide mich für den Alleingang. Es gibt von einem Moment auf den nächsten keinen Alkohol mehr. Die ersten 48 Stunden sind ganz übel. Die Nächte – der totale Horror! Kalte Schweißausbrüche, Zittern, Schlaflosigkeit und Herzrasen bestimmen das Geschehen. Ich habe das Gefühl, dass mein Herz im Kopf und gleichzeitig in meinen Füßen hämmert. Wegen der Schweißausbrüche muss ich ständig Bettzeug und Schlafanzug wechseln. Insgesamt habe ich drei Nächte Musik im Kopf. Das ist der einzige Lichtblick – sensationell. Musik, wie ich sie noch nie gehört habe. Es mischen sich Harmoniefolgen, Gesänge, Instrumente aus allen Regionen und Traditionen der Welt in meiner Wahrnehmung. Trotz des ganzen Chaos um mich rege ich mich darüber auf, dass ich die Musik im Kopf nicht aufzeichnen kann. An viel mehr kann ich mich nicht mehr erinnern – aber sie war atemberaubend schön.

Ich überstehe die ersten Tage mit Susannes Hilfe, und es verändert sich viel in den folgenden Monaten. Wir hatten bisher zwei getrennte Wohnungen. Nun bin ich trocken. Wir ziehen zusammen, und beim Zusammenbauen der Möbel in der Nacht werde ich rückfällig. Weil ich so happy bin, schlage ich vor, an der Tankstelle zwei Bier zu holen. Zum Einstand. Nach dem Motto »Kann ja nicht so schlimm sein und auch nur heute«. Liebe Leute, scheißt drauf. Das funktioniert nicht. Es ergeht vielen so wie mir: Rückfall. Wieder verlorene Monate, bevor ich meinen nächsten eigenen Entzug organisiere. Es geht wieder bergauf – die Energie will raus.

Über Susanne kam ich zu Beginn unserer Beziehung mit dem Thema Pferde in Kontakt. Wir waren in Frankreich im Urlaub. Susanne hatte früher ein eigenes Pferd und ist mit dem Reiten groß geworden. Kurzerhand sitzen wir an der Atlantikküste auf zwei Mietpferden und reiten am Strand entlang. Ich bin total begeistert und denke darüber nach, ein Pferd zu kaufen. Ich gebe mir ein Jahr Zeit, in dem ich die neue Leidenschaft überprüfen kann, bevor ich mich »binde«. Wir fahren jedes Wochenende in die Eifel zu einer Freundin und reiten dort. Nach dem Jahr steht der Entschluss fest: »Aufs Land der Pferde wegen«. So heißt ein Buch, das uns jemand geschenkt hatte. Wir suchen und suchen. An einem Samstagmorgen sitzen wir im Auto auf der Fahrt zu einem Besichtigungstermin, als Susanne in der Zeitung noch eine weitere interessante Anzeige findet. Kleine Hofanlage in Hennef/Niederhalberg zu verkaufen. Das Dorf kennt normalerweise noch nicht mal der gemeine Hennefer, da dort nur knapp 20 Häuser stehen und es der letzte Außenbezirk der Stadt ist. Ich kenne es zufällig, weil ich wenige Wochen zuvor meinem Bruder die Gegend hier gezeigt hatte, in die ich von Köln aus gern ziehen würde. Wir waren exakt in diesem Dorf, als ich sagte: »Es wäre zu schön, wenn hier was frei werden würde.« Ich weiß noch, was mein Bruder antwortete: »Das kann bei den paar Häusern Jahre dauern, und dann vererben die sich das untereinander.« Wir rufen die Nummer des Immobilienhändlers an. Per Rufumleitung landen wir auf seinem Handy und machen einen Termin für Montagmorgen. Natürlich fahren wir vorher hin, und aus der Beschreibung erkennen wir, um welche kleine Hofanlage es sich handeln muss. Am Besichtigungstag laufen wir in das Haus, und nach fünf Minuten sage ich das, was ich schon seit dem Vortag weiß: »Ich will den alten Bauernhof kaufen, ich will nicht über den Preis verhandeln, ich will das sofort bestätigen.« Heute wohnen wir auf diesem ehemaligen Hof, oben auf dem Berg mit freier Sicht und Freiheit in jede Richtung. Unsere drei Pferde wohnen natürlich auch hier. Kurz hinter uns endet die Straße und eines der größten zusammenhängenden Waldgebiete NRWs beginnt. Dass ich hier später mal laufen werde, war für mich zu diesem Zeitpunkt nicht zu erahnen.

Im August 1999 ziehen wir um, meine Firma nehme ich gleich mit. Ich bin rundum glücklich. Und es kommt auch gleich etwas dazwischen. Ich bin so entspannt, dass ich irgendwann mit einem Glas Rotwein auf der Terrasse sitze. Bis zum 22. Dezember 2003 habe ich noch vier weitere Jahre weiter gesoffen. Die Lebensqualität hatte sich eigentlich verbessert. Ich liebe diesen Berg. Umso bitterer das Scheitern, der Absturz. Zum Alkohol gesellen sich mittlerweile schwere Depressionen. Es kommt vor, dass ich drei Tage auf dem Sofa sitze und aus dem Fenster starre. Sinnlos. Die Gedanken dazu noch sinnloser. Die Gesundheit verschlechtert sich. Im Jahre 2002 liege ich, wie schon erwähnt, mit Verdacht auf Herzinfarkt vor dem Internisten. Bange Minuten, und dann der Entschluss, nach über 20 Jahren wieder Sport zu treiben. Ich beginne mit dem Laufen. Ich saufe immer noch und habe massive Einbrüche, hervorgerufen durch die Depressionen. Es ist nicht so leicht, Marathons zu laufen, wenn man am Abend vorher noch sehr viel trinken und rauchen musste – weil es nicht anders geht. Ich laufe den *Köln-Marathon* und finishe in 4:54 Stunden, nach höchstens drei Monaten Training. Den *Bonn-Marathon* ein Jahr später starte ich einen Tag nach einem fünftägigen Saufmarathon. Totaler Schwachsinn! Die Depressionen killen sowohl mich als auch Susanne, und irgendwann bin ich dazu bereit, mich in Behandlung zu begeben. Ich versuche es auf ambulantem Weg. Die Therapiegespräche, die Gruppe, die Unterstützung durch Susanne, der Berg und auch das Laufen geben dem Ganzen einen neuen Sinn, und zwei Tage vor Heiligabend 2003 schütte ich schließlich das letzte Bier in die Spüle. Ich blicke zurück. Ich hole tief Luft – es ist Zeit, um aufzubrechen. Endgültig!

Ultra Africa Race – Kamerun

Nachdem Jordanien mir so viel Freude gebracht hat, spiele ich das erste Mal mit dem Gedanken, die gute Form für ein weiteres Rennen zu nutzen. Jordanien zählt für mich zu einem meiner besten Rennen überhaupt, weswegen die Motivation im Sommer für weitere 2000 Kilometer Training im ersten Moment nicht sonderlich hoch war. Die Chance, es besser zu machen, war eigentlich nicht gegeben. Ob ein oder zwei Rennen im Jahr, das ist doch ein deutlicher Unterschied. Ich habe einen Lauf von *Racing the Planet* in der Atacama-Wüste in Chile im Blick. Es stellt sich allerdings bald heraus, dass ich wegen sehr wichtiger Veranstaltungen zu diesem Zeitpunkt nicht aus dem Job rauskommen kann, um in Chile zu laufen. Genau zu diesem Zeitpunkt schreibt mich Jérôme Lollier an. Er hat ein neues Rennen namens *Ultra Africa Race* konzipiert. Gelaufen werden soll im äußersten Norden Kameruns zwischen Nigeria und dem Tschad. Bisher hatten Jérôme und ich noch nicht miteinander zu tun, aber die Kommunikation ist von Beginn an sehr smart. Der Gedanke, an einer Premiere teilzunehmen gefällt mir zunehmend besser, und sein Konzept sowie die Art und Weise, wie er die Sache angeht, macht einen professionellen Eindruck. In der Vergangenheit war ich bei kleinen, eher noch unerfahrenen Veranstaltern mit Erstausgaben eher vorsichtig.

Die Organisation eines solchen Etappenrennens ist enorm aufwendig. Es benötigt eine Menge Infrastruktur, erfahrene Mitarbeiter und gute »Locals«, die das Team unterstützen. Am Ende des Tages braucht es im Vorfeld auch relativ viel Geld, um dies alles sicherstellen zu können. Auf den Punkt gebracht: Je geringer die Teilnehmerzahl ist, desto geringer sind die finanziellen und somit strukturellen Möglichkeiten des Veranstalters. Ich kenne Erstveranstaltungen, die hoffnungslos in die Hose gingen. Da waren die Strecken wegen mangelnder Erfahrung und Personal unbrauchbar markiert. Läufer saßen an verlassenen Checkpoints irgendwo in der Wüste, da die Helfer wegen nicht gezahlter Honorare einfach nach Hause gingen.

Meine Lieblingskrankenschwester Isabelle Paucot behandelt einen Läufer aus Kamerun.

Es gab schon Rennen, bei denen von den ersten sieben Läufern keiner den selben Weg ins Ziel genommen hat – die Kollegen liefen kreuz und quer durch die Wüste. Das ist nicht nur bitter, da man Geld, Training und wertvolle Zeit in einen Lauf gesteckt hat, es ist schlicht lebensgefährlich. Andere Veranstalter sind vor Start der Veranstaltung schon pleite und können geleistete Vorkassen nicht zurückzahlen. Die Premiere in Kamerun jedoch reizt mich, sie hat für mich den Charakter eines großen Abenteuers im Herzen Afrikas.

Das gesamte Team startet von Paris aus, und schon dort wartet die erste Überraschung auf mich. Als ich die einzelnen Mitglieder begrüße, fliegt mir eine Bekannte in die Arme und empfängt mich stürmisch. Meine Lebensretterin aus Libyen – Isabelle Paucot. Die Thrombose damals war schmerzhaft

An der Startlinie mit meinem Zeltpartner, der dänischen Lauflegende Jacob Juul Hastrup.

und durchaus gefährlich, sie zwang mich einen Tag und eine Nacht in eins ihrer Betten, die sie im Lazarett betreute. Es ist sehr schön, sie im Team zu wissen. Isabelle hat für viele französische Veranstalter bei den verschiedensten Rennen gearbeitet, sie gehört sicherlich zu den erfahrensten Kräften auf diesem speziellen Gebiet.

Ich treffe auch Jacob Hastrup aus Dänemark, mit dem ich im Vorfeld zu diesem Lauf bereits in Kontakt getreten bin. Jacob hat extrem viel Erfahrung – auch mit den extremsten Läufen in der Kälte wie den *Yukon Arctic*, den er nach 100 Meilen und bei bis zu -44 Grad einmal als Zweiter und einmal als Siebter beendete. Im Jahre 2007 hat er unerbittlich sieben Rennen über jeweils 250 Kilometer in den Wüsten dieser Welt absolviert. Jacob ist eine Ikone und ein Held in Dänemark. Wir werden uns Hotelzimmer und Zelt teilen. Das gefällt mir.

(... and Schatzi ... if you read this one day: »You are crazy and you rock.«)

Kamerun bei Nacht: Wir kommen von Paris in der Drei-Millionen-Metropole Douala an. Unser Hotel in der Nähe des Airports ist eines der wenigen »richtigen« Gebäude zwischen Tausenden von Wellblechhütten. Monsieur Ali ist unser Mann. Er behauptet von sich, der Chef des Hotels zu sein. Ich bin mir jedoch sicher: Er ist der Fahrer des hoteleigenen Shuttles. Egal. Wir sind in Afrika, und manche afrikanischen Männer übertreiben gern mal, was ihren Status betrifft. Monsieur Ali entführt uns in das Gewimmel der Hütten, die kreuz und quer ohne eine wirklich erkennbare Struktur nebeneinander stehen. Straßen, die als solche nicht unbedingt zu erkennen sind, verbinden das Chaos, in dem man sich nur als Ortskundiger zurechtfindet. Auf Europäer kann das Ganze ein wenig furchteinflößend wirken. Allein schon die Sorge, in diesem Wirrwarr verloren zu gehen, ist nicht ganz unbegründet.

Mit uns sind einige andere Läufer aus den verschiedensten Ecken der Welt in Douala gelandet. Alle suchen wir dasselbe: ein Laufabenteuer, und es läuft gut an: unglaublich viele Mopeds, Regen bei knapp 30 Grad und überall Chaos. Aufgrund des feuchten Klimas kleben die Klamotten auf der Haut. Wir landen in einem Restaurant, das gar keines ist. Es handelt sich eher um eine Diskothek, welche die Möglichkeit bietet, sehr schnell Kontakte zu knüpfen. Monsieur Ali organisiert eine Ecke für uns. Der Gedanke mit dem Restaurant hat sich erledigt. Aber schnell wird improvisiert. Ein paar von Alis Freunde bringen Essen. Es wird einfach von den Ständen auf der Straße herbeigeschafft. Gegessen wird, was auf den Tisch kommt. Wie früher! Es schmeckt fantastisch. Dazu gibt es Bier und Cola – kalt und viel. Hier schließt sich wieder der Kreis zu meiner ersten kleinen Reise nach Zagora, als – mir mein eigenes Verhalten peinlich war, weil ich die Einladung zum Besuch der Familie meines Taxifahrers nicht angenommen hatte. Einige der Kollegen verzichten auf das leckere Essen. Ich verstehe das aus ihrer Sicht, zu groß ist die Sorge, sich den Magen zu verderben und geschwächt ins Rennen gehen zu müssen. Einige werden ihre Sichtweise dennoch ändern – bereits innerhalb dieser Woche.

Auch die Größe der Kakerlaken ist beeindruckend. Natürlich werden wir öfter angesprochen, da sich hierher normalerweise kein Tourist verirrt. Wir bekommen Telefonnummern zugesteckt. Wir sollen die »Damen« unbedingt noch heute Nacht anrufen. Natürlich folgen wir Monsieur Ali zurück zum Hotel. Die Nacht bleibt ruhig. Lediglich ein leises Stöhnen ist zu hören, in diesem Fall verursacht durch eine Toshiba-Klimaanlage aus den 1990er-Jahren. Am nächsten Tag geht es mit dem Flugzeug 1000 Kilometer weiter nördlich zum schmalen Zipfel Kameruns zwischen Nigeria und dem Tschad. Wir landen in Maroua, um in den folgenden fünf Tagen durch die Sahel-Zone zu laufen. Da die Regenzeit erst seit wenigen Wochen vorbei ist, ist es verhältnismäßig grün.

Jacob und ich teilen uns eine der schönen kleinen Lehmhütten in unserer Hotelanlage. Wir ziehen erst mal durch die Stadt, um uns nach der vielen Fliegerei etwas zu bewegen. Maroua ist als Provinzhauptstadt mit Schulen, Geschäften und verhältnismäßig guter Infrastruktur versehen. Natürlich werden die Ziegen- oder Kuhherden mitten durchs Dorf getrieben, und die Armut ist überall präsent. Aber insgesamt wirkt der Ort glücklich zu dieser Zeit. Heute ist ein Besuch dieser Region wegen der Übergriffe von Boko Haram aus den Grenzgebieten Nigerias leider weitaus gefährlicher. Gegen Abend, nach der Tageshitze, schnüren wir die Laufschuhe und machen los, ein wenig Laufen kann jetzt nicht schaden. Zuerst durch die Stadt, dann über irgendwelche Feldwege und danach querfeldein. Plötzlich stehen zwei schwerbewaffnete, sehr junge Soldaten vor uns. Sie stoppen uns, und der Ton ist unangenehm. Noch schlimmer finde ich, dass sie noch nicht mal 20 Jahre alt sind. Sie machen nicht gerade einen souveränen Eindruck, und das macht mir Sorgen. Was machen, wenn einer von den beiden die Nerven verliert und die Situation eskaliert? Wir müssen den Soldaten folgen, einer geht vor uns, einer hinter uns. Die einzige Information, die wir bekommen, ist, dass sie uns zum Kontrollpunkt zu ihrem Vorgesetzen bringen. Der ist zwar nicht wesentlich älter, aber deutlich cooler. Er fragt uns nach unserem »Passport«, den wir für diesen kleinen Ausflug natürlich nicht dabei haben. Die nächsten Fragen, woher wir kommen und vor allem was wir hier wollen, können wir nur zum Teil zu seiner Befriedigung beantworten. Vor allem warum wir hier – trotz der immer noch großen Hitze – scheinbar sinnlos durch die Savanne laufen, ist für ihn nicht schlüssig zu erklären. Aus der Sicht der Jungs ist das der totale Blödsinn. Nach zehn Minuten löst sich der Spuk auf: Wir sind bei unserem Trainingslauf dem Palast des Provinzgouverneurs zu nahe gekommen. Das Gebäude mit den hohen Mauern haben wir zwar gesehen, aber nicht die dazugehörigen Verbotsschilder, da wir querfeldein gelaufen waren. Ein Jeep bringt uns aus dem Sicherheitsbereich raus, und wir können erst mal durchatmen. Nun ja, was lernen wir daraus? Beim Traillaufen kann man immer was erleben. Langweilig wird uns in dieser Woche jedenfalls nie – Afrika ist wild.

Zum Start am folgenden Tag steht gleich die längste Etappe mit 49 Kilometern auf dem Plan. Neben den Läufern aus Kanada, Australien, Asien und Europa hat der Veranstalter sechs Läufer aus Kamerun eingeladen. Diese sind sehr jung, schnell, schlank und sehen aus wie die Spitzengruppe beim *Berlin-Marathon.* Ganz schwer einzuschätzen. Jérôme hatte uns im Vorfeld gebeten, für die Jungs Schuhe, Bekleidung und Rucksäcke mitzubringen, was wir alle gern gemacht haben.

»Die jungen Wilden« machen vom Start weg Tempo. Selbst Toni Vencelj, als ehemaliger slowenischer Marathonmeister und Vizeweltmeister im Berglauf der Topfavorit des Rennens, lässt die Einheimischen ziehen. Nach gut einer Stunde hat er jedoch zur einheimischen Spitzengruppe aufgeschlossen. Ich folge ihm, der junge Franzose Céderic Masip ist in Sichtweite.

Mit ihm bin ich vom Start an lange Zeit zusammen gelaufen. Es ist sein erster großer Lauf, allerdings erzählt er mir von beeindruckenden Marathonzeiten, die er in Paris schon gelaufen ist. Die Temperaturen sind hoch – auf der Strecke knapp über 40 Grad –, und die Luftfeuchtigkeit ist deutlich höher als in anderen Wüsten. Dadurch ist das Laufen ungleich anstrengender als in der Sahara oder in der Wüste Gobi.

Die Wege werden enger und immer steiniger. Bei Kilometer 16 nähern wir uns dem ersten Checkpoint. Ich beschließe, das Tempo etwas zu verschärfen und verabschiede mich von Céderic. Hier treffe ich die Jungs aus Kamerun beim Nachfüllen der Wasserflaschen. Toni hat sie bereits hinter sich gelassen. Sie unterhalten sich mit Freunden aus der Gegend. »Meine Chance«, denke ich mir, fülle blitzartig nach und bin wieder weg. Alte *Ironman*-Schule. Beim Triathlon lernt man, an Checkpoints oder in Wechselzonen keine Sekunde zu verlieren. Früher hatte ich Wechsel tatsächlich in meinen Trainingsplan integriert. Die Kameruner schließen nicht wieder zu mir auf. Ab Kilometer 25 kann ich vor und hinter mir niemanden mehr sehen.

Es läuft. Jetzt bin ich also mittendrin im ersten *Ultra Africa Race*. Nur 20 Teilnehmer hatten sich angemeldet. Das ist durchaus normal bei einer Erstausgabe in einem wenig erschlossenen Land. Auch deshalb wollte ich hierher. Nun laufe ich im Herzen Afrikas allein durch die Savanne. Unglaublich! Ich habe Tränen in den Augen und denke zurück an die Zeit, in der ich als kleiner Junge die Tierfilme von Bernhard Grzimek oder Heinz Sielmann im Fernsehen mit meinen Eltern anschauen durfte.

Ich war damals so begeistert, dass wir – obwohl nicht viel Geld im Haus war – die dreizehnbändige Enzyklopädie *Grzimeks Tierleben* kauften. Stück für Stück – über Jahre hinweg. Allein die mehr als 8000 Fotos ließen mich tagelang darin blättern. Nun fühle ich mich so, wie ich mich manchmal auch selbst sehe: der kleine Rafael allein unterwegs. Klingt vielleicht ein wenig dramatisch, aber ich erlebe einen der Momente, auf die ich eines Tages – am Ende meines Wegs – gern zurückblicken werde.

Die Strategie des Veranstalters
mit nur zwei Checkpoints geht nicht auf
Gegen Ende der Etappe droht mir zum ersten Mal nach vielen Jahren als Wüstenläufer die Dehydrierung. Ich weiß nicht, wie weit es noch bis zum Ziel ist. Ich gehe auf Nummer sicher und marschiere statt zu laufen. Wenig später ist der letzte Tropfen Wasser weg. In jeder Hütte, an der ich vorbeikomme, frage ich nach, aber es gibt kein Wasser in geschlossenen Gefäßen, und der Brunnen, den ich am Weg finde, macht mir zu viel Angst. Es zieht sich, und ich beginne, die Steigungen mehr schwankend als marschierend zu nehmen. Ich bleibe gefühlt an jedem Stein hängen, falle hin und muss mich zwischendurch unter einen Baum setzen. An einem Berg treffe ich einen Mopedfahrer. Er hält und fragt, ob er mir helfen kann. Ich frage zurück, ob er irgendwo ein Camp gesehen hat. Gott sei Dank kommt die Info, dass sich das Zeltlager nur rund einen Kilometer hinter diesem Hügel be-

findet. Wäre das Camp nur einen Kilometer weiter weg gewesen, wäre ich bei ihm aufgestiegen und hätte mich fahren lassen. Was die Disqualifikation bedeutet hätte! Ich schleppe mich bis ins Ziel, wo ich in wenigen Minuten drei Liter Wasser trinke – ich bin ausgetrocknet wie ein Schwamm. Toni und Céderic ergeht es ähnlich: Alle sind von diesem fast mörderischen Auftakt deutlich gezeichnet. Toni hat an diesem Tag 40 Minuten Vorsprung herausgelaufen und gewinnt die Etappe. Céderic kommt 30 Minuten nach mir ins Ziel, kurz nach ihm Sini Teriva als bester Kameruner. Schon am ersten Tag geben einige Läufer auf, aber zum Glück kommen alle gesund ins Lager. Nur noch 150 Kilometer ...

Wie uralte Römerstraßen
Die zweite Etappe über 43 Kilometer gleicht dem ersten Tag. Die Wege zwischen den Dörfern erinnern stark an uralte Römerstraßen in Südeuropa. In den Dörfern hängen neonfarbene Pfeile für uns als Wegmarkierung. Die Afrikaner staunen über uns – das ist klar. Von deren und unserer Seite aus wird viel gegrüßt, gewunken und gelacht. Es geht hügelig rauf und runter, und immer, wenn ein Läufer einen Moment nicht aufpasst, stürzt er über einen der vielen Steine zu Boden. Ich habe noch nie so viele Stürze gesehen wie bei diesem Rennen. Toni haut es an einem Tag, als er beim Laufen einige Kinder filmen will, so hin, dass ich mir im ersten Moment sicher bin, dass er dieses Rennen nicht mehr weiterlaufen wird. Der Kerl ist jedoch härter als die Straße. Die »jungen Wilden« machen wieder das Anfangstempo. Wie am Tag zuvor übernehmen sie sich in den ersten Stunden – und die »alten Hasen« machen am Ende das Rennen. Dem ältesten Hasen geht es nicht ganz so gut. Mir schmerzt mittlerweile das Knie. Eine schwere Entzündung, wie sich zu Hause rausstellen wird. Noch halte ich Platz zwei mit 60 Minuten Vorsprung auf Céderic Masip, muss mich aber nun für eine andere Taktik entscheiden. Eigentlich wollte ich viel allein laufen, nun konzentriere ich mich darauf, den Abstand zu Céderic auf Platz drei im Auge zu behalten. Für die zweite Etappe geht der Plan auf.

Die dritte Etappe führt über 48 Kilometer. Kinder, die uns begegnen, lachen und jubeln. Manchmal laufen sie auch einige Zeit mit uns. Wir kommen an vielen Schulen vorbei, manchmal hört man aus den Klassenzimmern singende Kinder. Ein anderes Mal läuft die halbe Schule mit mir vom Pausenhof bis zum Ortsrand. Diese Momente sind wunderbar, einfach unvergesslich. Sie prägen meine Erinnerungen an das *Ultra Africa Race*. Toni, Céderic und ich laufen an diesem Tag nach gut fünf Stunden gemeinsam ins Ziel. Ohne die Unterstützung von Isabelle und Silvan von der medizinischen Abteilung hätte ich das Rennen an diesem Tag nicht beenden können. Sie haben meine Knieschmerzen erträglich gemacht. Isabelle hat mir schon zum zweiten Mal geholfen – meine Retterin.

Manchmal sind die ernsthaften Bedrohungen aber auch hausgemacht. Nachmittags bereite ich meine »Zieleinlauf-Polenta« zu. Für die, die es nicht so genau kennen: Polenta ist Maisgries, der mit kochendem Wasser zubereitet wird. Einfach zehn Minuten ziehen lassen und fertig. Ich habe so einen Hunger, dass ich nicht warten kann, bis das Wasser auf dem Feuer richtig kocht, also stopfe ich die Mahlzeit schon nach weniger als fünf Minuten mit Heißhunger in mich hinein. Da haben wir es wieder: Geduld fordert Fuchsgruber. Die Polenta bleibt prompt in der Speiseröhre stecken und entwickelt sich zum Problem. Wer weiß, wie Montage- oder Bauschaum funktioniert, kann erahnen, was jetzt kommt! Die Polenta quillt in der Speiseröhre nach. Ich bekomme zwar noch Luft, aber ansonsten ist alles dicht. Eine starke Beklemmung in der Brust stellt sich ein. Das nächste Krankenhaus ist mindestens 300 Kilometer entfernt. Nichts geht mehr. Mit Wasser lässt sich nicht nachspülen, es bleibt im Hals stehen. Die Polenta in umgekehrte Richtung wieder loszuwerden funktioniert auch nicht. Sie sitzt fest wie ein Stopfen. So beginne ich auf der Stelle zu springen. Was für ein Bild: Ich stehe an der Grenze zwischen Kamerun und Nigeria und hüpfe auf und ab, damit sich die aufgequollene Polenta löst. Ich bin ein frei umherhopsender Irrer. Hilfsbereit und liebevoll zu meinen Leuten – aber eine totale Gefahr für mich selbst. Ich versuche, ruhig zu bleiben. Emotional wäre ich jetzt bereit, hysterisch zu werden. Nach gut 45 Minuten ist der Spuk endlich vorbei und die Polenta doch durchgerutscht. Als ich Isabelle am Abend davon erzähle, bekommt sie einen Riesenschreck und bittet mich, das den Rest der Woche nicht mehr zu tun. Polenta habe ich seitdem nie mehr gegessen.

Am folgenden Morgen ist das Knie dick, und ich wünsche mir zum Sitzen einen Stuhl. Gibt es nicht. Das erste und einzige Rennen, bei dem ich Schmerztabletten nehmen muss. Die Morgentoilette nach dem Frühstück erledige ich in Nigeria. Wieder ein Land mehr »besucht«. Kurz darauf startet die vierte Etappe. Der erste Checkpoint liegt in Rhumsiki, der Heimat des derzeit Viertplatzierten Sini Teriva. Wir lassen die Jungs aus Kamerun in diesem Abschnitt den Vortritt. Das gesamte Dorf steht Kopf, und am

Checkpoint wird getrommelt, getanzt, gesungen und mit Flöten musiziert. Das ist keine Inszenierung für Touristen, sondern gelebte Freude und großer Stolz über die Führung der fünf schwarzen Läufer zu diesem Zeitpunkt. Die Jungs bedanken sich bei uns für diese Geste, als wir sie danach außerhalb des Dorfes überholen. Wir kommen wieder zurück in das direkte Grenzgebiet zu Nigeria, und wir merken gleich, dass die Menschen und Kinder in dieser Region deutlich vorsichtiger sind. Ein Junge erschrickt sich bei unserem Anblick so sehr, dass er auf der Flucht vor uns in einen Graben stürzt. Auf der anderen Seite kann er aber wieder heil rauskrabbeln. Mit unseren Rucksäcken und Flaschen sehen wir für ihn anscheinend aus wie bewaffnete Krieger. Auch die Erwachsenen sind zurückhaltender, Mütter rufen ihre Kinder in die Hütten, wenn wir uns nähern. Abends im Lager hören wir davon, dass es aus dem Nachbarland Nigeria heraus gelegentlich Überfälle erfolgen.

Zu dritt geht es direkt über Felder und durch Büsche. Die Wege sind schmal und wild, und immer wieder muss ich daran denken, dass ich keine Schlangen mag. Im offenen Gelände oder in der richtigen Wüste sind die kleinen Dinger leichter zu sehen. Eine einzige lebende und ein paar überfahrene Schlangen habe ich unterwegs gesehen. Ab Kilometer 30 habe ich wegen des Knies Schwierigkeiten, den Anschluss zu halten. Dann schießt mir eine Idee in den Kopf, die einem auch nur kommen kann, wenn man schon ein paar mehr Rennen auf dem Buckel hat: »Wenn hier irgendwo eine Kneipe kommt, gebe ich eine Runde Cola aus«, rufe ich den Jungs freudestrahlend zu. Die Blicke von Toni und Céderic sprechen Bände, als wollten sie mir sagen: »Ist klar, alter Mann; ein bisschen heiß und schnell für dich heute – träum schön weiter ...« Die jungen Kerls! Ultralaufen ist doch angewandte Flexibilität! Ich bekomme meine kleine »Kneipe« in einem der nächsten Dörfer. Also das, was man so Kneipe nennt: viermal Wellblech, Dach und Kühlschrank. Céderic will eigentlich weiterlaufen, Toni ist entspannt. Unser Vorsprung auf die Jungs aus Kamerun ist aber groß genug, also beugt sich Céderic dem »Ältestenrat«. Mein Plan geht auf, und es gibt drei Cola. Natürlich schmerzt das Knie danach beim Loslaufen noch mehr als zuvor, aber meine kleine Finte und unser »Einkehrschwung« verschaffen mir genügend gute Laune, um mich durchzubeißen und eine Stunde später doch noch gemeinsam mit den Jungs zu finishen. Mit kaputtem Knie aber guter Taktik wird Kamerun zu meinem bisher schnellsten Lauf. Hier zu finishen, nach durchwachsener Vorbereitung und den gesundheitlichen

Ende einer Durststrecke: Wir finden diese kleine Kneipe mitten in Kamerun.

Problemen während des Laufs, das macht mich ein klein wenig stolz – diesmal auch ganz ohne Tränen!

Am letzten Tag sind es nur noch 19 Kilometer. Seit dem Morgen begleiten mich drei Jungs aus der Gegend. Wir teilen meine letzten Energieriegel und mein Wasser. »Bon courage, bon courage« (franz.: viel Mut, viel Erfolg!) sind ihre Worte nach etwa 15 Kilometern zum Abschied. Der Zieleinlauf wenig später ist magisch. Überall Menschen, darunter viele, viele Kinder. Im Vorbeilaufen sehe ich einen jubelnden Jungen ohne Schuhe. Da seine Füße groß genug für meine Trailschuhe erscheinen, schenke ich ihm diese spontan. Ungläubige Blicke, dann ein geflüstertes »Merci« und riesige Freude in seinem Gesicht. Er haut direkt ab, damit ihm die älteren Jungs nix wegnehmen können. Ein wunderschöner Zieleinlauf. Sehr afrikanisch, sehr fröhlich und bunt. Der Stammesälteste – oder ist es der Bürgermeister? – überreicht uns die obligatorische Finishermedaille.

Die Drei von der Tankstelle: Céderic Masip, Toni Vencelj und ich.

Toni Vencelj (40) gewinnt das *Ultra Africa Race* nach 200 Kilometern in 20:14 Stunden. Ich werde Zweiter mit 21:17 Stunden, Céderic Masip (30) wird Dritter in 22:13 Stunden. Das *Ultra Africa Race* wird für mich immer eine ganz besondere Bedeutung haben – vor allem der Kinder wegen und wegen des Kindes in mir. Ich erlebe damit meine Träume aus der Schulzeit. Ich hatte in meinem Leben nicht viel darüber nachgedacht, doch mir war immer klar, dass ich eines Tages hier sein werde.

Auf der Ziellinie in Kamerun: Ich habe das Gefühl, alles wird gut.

Regenwald – Ultra Costa Rica

as Rennen kam mir gerade recht. Nach Kamerun musste mein linkes Knie etwas regenerieren. Nun funktionierte es wieder ein wenig. Da sind 86 Kilometer durch den Regenwald von Costa Rica genau das Richtige an meinem Geburtstag. In Deutschland ist es kalt und nass – in Mittelamerika 38 Grad warm. Zur Akklimatisierung verbringe ich drei Tage in der Hauptstadt San José. Ich werde schnell Fan von diesem schönen Land und seinen Menschen. Sie sind sehr freundlich und stolz. Du wirst nicht in jeden Laden als Tourist reingezerrt, bist aber herzlich willkommen. Die Menschen schauen dir in die Augen und grüßen dich. Ich mag das sehr gern. Das macht sie attraktiv – Männer wie Frauen.

Von San José geht es mit einem kleinen Bus durch das Vulkangebirge Guanacaste Richtung Dschungel an der karibischen Seite des Landes.

Neben einer Handvoll Läufern aus Mexiko und den USA bin ich der einzige Teilnehmer aus Europa. Alle weiteren Starter sind einheimische Läufer. Es ist warm und schwül, sodass mir, als ich den klimatisierten Bus in Sarapiqui verlasse, innerhalb von zwei Minuten Hemd und Hose am Körper kleben. Eigentlich kaum vorstellbar, bei diesen klimatischen Bedingungen zu laufen. Aber meine Neugierde war schon immer mein größtes Talent und verhalf mir zu Podestplätzen bei großen Ultratrails, obwohl ich mein läuferisches Können nur im gehobenen Mittelmaß ansiedeln würde. Für den Kreismeister über zehn Kilometer in Köln in der Altersklasse reicht es gerade noch. Das ist allerdings auch nicht meine Disziplin. Aber ich mag's ja, wenn es kompliziert wird – und das wird es in Costa Rica mit Sicherheit werden.

Allein der Hinweg ist wieder mal ein Abenteuer. Der Flieger in Amsterdam hat drastisch Verspätung. Er gibt sich Mühe, aber in Atlanta hängen wir bei Ankunft immer noch 40 Minuten im Delay. Die USA sind bekanntermaßen zum Einreisen das reinste Paradies. Ich will ja aber gar nicht rein, sondern nur durch und weiter nach Costa Rica. Aber so einfach geht es eben nicht in Amerika. Die Menschenmassen sind groß, und die Kontrollen mit streng

Habe ich mich verlaufen
oder soll ich hier wirklich
durch (rechts)?

Mit ein bisschen Glück findet
man im Dschungel auch mal
eine Hängebrücke.

dreinblickendem Sicherheitspersonal erinnern mich an meine ersten Tourneen mit Westkünstlern in der DDR. Als ich endlich durch bin, gehen die
Chancen gegen Null, den Flieger nach St. José noch zu erreichen. Ich habe
aber keine Lust, die Nacht in Atlanta zu verbringen, also renne ich mit meinem Laufrucksack los. Die Anzeigen auf den Tafeln sind nicht chronologisch
geordnet. Kurzes Chaos im Kopf. Eine Dame hilft mir auf die Sprünge und
nennt mir Bahnsteig und Zugnummer zu meinem Flieger. Nicht wundern,
der Airport in Atlanta ist riesig, da nimmt schon mal die Bahn zwischen
den Gates. Das Hochgeschwindigkeitslaufen in Flughäfen wird eine meiner Lieblingsdisziplinen, und ich erziele all die Jahre gute Ergebnisse. Ich
habe keinen einzigen Anschluss verpasst. Regelmäßig kann man Menschen
hinter Zug und Flugzeug herlaufen sehen, manchmal ist man selbst dazu
gezwungen. Ich renne aber! Als ich am Gate ankomme, rufe ich schon von
Weitem und frage, ob der Flieger noch da sei. Die große, schwere schwarze
Airline-Bedienstete, ein Goldstück, antwortet mir trocken im Südstaaten-
Slang: »Honey, you are late!«, und schubst mich in den Flieger.

Angekommen in Sarapiqui wird die Selva Verde Lodge unser Zuhause und Hotel mitten im Urwald. Alle Bungalows stehen auf Stelzen, alles ist aus feinstem Holz gefertigt und es gibt jede Menge Tiere um uns herum. Die Spinnen und ihre Netze sind so groß, dass Babyfledermäuse darin ihr Leben lassen. Herzzerreißend tönt das Gebrüll der Affen aus den Bäumen zum Sonnenaufgang morgens um vier. Klingt wie das Bellen von alten Hunden. Die Nacht ist schneller vorbei als gedacht.

Insgesamt sind rund 300 Läufer gemeldet, die sich auf das 15-Kilometer-Rennen, den Marathon sowie den Ultra verteilen. Die Starterliste für den Ultra weist 25 Läufer aus – einige Hochkaräter sind darunter, so auch Vorjahresgewinner Roiny Villegas und Jorge Maravilla vom Salomon Team USA. Das Dschungelhotel ist Zentrale, Start und Ziel der Veranstaltung. Und schneller als geplant wird allen Beteiligten klar, woher der Begriff Regenwald kommt. Das heftige Unwetter in der Nacht zuvor hat zur Folge, dass der Startzeitpunkt um zwei Stunden nach hinten verschoben werden muss.

Die Markierungen auf der Strecke sind teilweise zerstört und müssen überprüft werden. Für uns Läufer bedeutet das, dass wir länger in der Sonne unterwegs sein werden. Die extremen Wetterbedingungen mit großer Hitze und hoher Luftfeuchtigkeit treffen alle Teilnehmer – außer vielleicht die Einheimischen, die aber 98 Prozent des Starterfeldes ausmachen.

Im Halbdunkel geht es mit Stirnlampen raus in den Dschungel. Die Marathonläufer und Ultras starten zusammen und haben identisch aussehende Startnummern. Das macht es schwierig einzuschätzen, ob man sich an den Überholenden dranhängen soll. Vielleicht ist es ja »nur« ein Marathoni und man übernimmt sich. Der Lehmboden ist vom Regen sehr rutschig und klebt an den Sohlen der Schuhe. Meine Hoka One One leisten jedoch tolle Dienste, und die Sohlen sind so hoch, dass der Schlamm nicht in die Schuhe eindringen kann. Der Kurs hat viele Höhenmeter und leider kaum flache Abschnitte. Eigentlich wollte ich nur einen Aufbauwettkampf nach langer und heftiger Knieverletzung. Im Vorfeld war aus dem Höhenprofil des Veranstalters leider nicht abzulesen, dass es hier derart rauf und runter geht. Neben den lehmigen Wegen gibt es Passagen, in denen wir im Morast des Regenwaldes teilweise gebückt durch Büsche kriechen, um dann wieder über querliegende nasse Baumstämme zu steigen und kleine Schluchten oder Flüsse zu durchqueren. An den Flussufern und den dazugehörigen Böschungen wird es spannend. An einer Böschung rutsche ich auf meinem Hintern runter, während auf meinem Player gerade *Eminems Lose Yourself* startet. Ich bin kein großer *Eminem*-Fan, aber die Nummer hat eine ungeheure Energie und hat deshalb den Eingang auf meine Playlist gefunden. Das Groteske daran ist: Die Nummer startet, und ich freue mich schon nach der Flussquerung, die Böschung auf der anderen Seite hochzustürmen. Ist aber nix mit Sturm. Ich wedele mit allen Vieren am Berg im Schlamm herum, habe die Dynamik eines Regenwurmes und komme nicht von der Stelle, während *Eminem* auf mich »eindrischt«. Highlight!

Das Rennen geht über zwei verschiedene Runden mit jeweils 43 Kilometern. Kurz vor Ende der ersten Runde treffen die beiden Jungs aus Costa Rica, mit denen ich zusammen laufe, an einer unübersichtlich markierten Kreuzung die falsche Entscheidung. Sie sind sich sicher, dass sie im Jahr zuvor auch rechts herunter gelaufen sind. Ich wäre für geradeaus, folge den beiden aber. Ein Fehler, wie sich am nächsten Checkpoint herausstellt. Dort werden wir von der Crew mit einem fragenden Blick empfangen:

Bunt, hübsch anzusehen und tödlich: Pfeilfrösche.

»Was macht ihr denn hier? Das ist der Kurs vom 15-Kilometer-Rennen.« Um nicht noch mehr unnötige Kilometer zu laufen, nehmen wir auf dem Weg zurück zur richtigen Strecke die größte Landstraße der Region. Riesige amerikanische Trucks mit Doppelanhängern fliegen auf der N4 im Minutentakt an uns vorbei. Ganz schön gefährlich. Aber auch zurück im Dschungel lauern Gefahren wie zum Beispiel Leguane oder Schlangen – dank guter Tarnung muss man allerdings genau hinschauen. Viel gefährlicher sind die knallbunten blauen und grünen Pfeilfrösche. So schön sie sind, der Kontakt mit ihnen kann tödlich enden. Eingeborene haben früher den Schleim der Froschhaut für ihre Giftpfeile benutzt.

Unterwegs kommen uns andere Ultraläufer entgegen, und wir fragen uns, wie das sein kann. Wir sind eigentlich auf einer großen Schleife unterwegs, alle in der selben Richtung. Nach dem nächsten Checkpoint laufen wir wieder auf der richtigen Strecke, und die Abstände untereinander werden größer. Der Umweg bringt zehn Kilometer extra auf meine Uhr – mehr »Genuss« also fürs gleiche Geld. Bei Checkpoint 5 begrüßen mich die Jungs überschwänglich mit dem Hinweis, dass ich der Erste bin. Aber ich traue dem Ganzen nicht wirklich – und sollte damit auch Recht behalten: Später stellt sich heraus, dass keiner der ersten Fünf im Ziel den richtigen Weg gefunden hat. Allerdings war ich als einziger definitiv an allen Checkpoints.

Nach Checkpoint 4 hatten Unbekannte die Markierungen entfernt, ein Teil der Läufer war deshalb falsch gelaufen und erwischte unabsichtlich einen kürzeren Weg. Ich bin mutterseelenallein im Dschungel unterwegs und genieße das Wetter. Hört sich seltsam an, aber ich habe den weiten Weg gemacht, um etwas Neues für mich zu erleben. Laufen im Regenwald. Werde ich in der Heimat manchmal nur nass, kann ich hier den Regen richtig fühlen.

An Checkpoint 6 liege ich immer noch in Führung, am nächsten Checkpoint dann aber nur noch auf Platz sechs, obwohl mich niemand überholt hat. Wäre es eines meiner ersten Rennen gewesen, würde ich mich aufregen. So bin ich entspannt und vor allem glücklich, dass mein Knie diesen unerwartet anspruchsvollen Kurs mitmacht. Die Mitteilung, dass ich nun Sechster bin, lässt mich ein wenig Tempo rausnehmen. Die Altersklasse gewinne ich, und meine Platzierung halte ich für einen eher theoretischen Wert, verursacht durch ein wenig Chaos. Das Rennen in Costa Rica ist ansonsten eine feine Sache, und gegen mutwillige Sabotage kann sich kein Veranstalter schützen. Dass ich den beiden »Local Runners« an der ersten nicht eindeutigen Kreuzung gefolgt bin, schulde ich nun mal meiner guten Erziehung und der Gastfreundschaft.

Die Geschichte der Umwege ist jedoch noch nicht zu Ende. An Checkpoint 7 laufe ich geradewegs vorbei; eingebaut in eine Kneipe ist dieser schwer zu erkennen. Anscheinend ist gerade kein Helfer da, um mich anzuhalten und mir das dringend benötigte Trinkwasser zu geben. Kein Spaß bei 38 Grad und gefühlten 300 Prozent Luftfeuchtigkeit. Deshalb halte ich jedes Auto an, das mir auf den schlammigen Wegen im Regenwald entgegenkommt. Ich bekomme Kirschsaft, einmal eine Art Dickmilch aus der Kühlbox und Cola. Vor lauter Begeisterung, dass ich das Getränkeproblem lösen konnte, übersehe ich eine Abzweigung und renne vier Kilometer zum Rio Sarapiquí, an dessen Ufern aber kein Durchkommen mehr möglich ist – also dieselbe Strecke wieder zurück. Hier kommt mir Henry entgegen – auch auf dem falschen Weg, und gemeinsam orientieren wir uns neu. Henry habe ich zu Beginn des Laufes kennengelernt, als wir gemeinsam einige Flüsse überquert und uns gegenseitig über Stacheldrahtzäune geholfen haben. Er läuft für eine vor neun Tagen verstorbene Freundin – und ich merke schnell, dass er das lieber allein tut.

Immer wieder Regen zwischen Bananenstauden und Dschungel.

Eine im Wald angebundene Kuh erschrickt sich, als ich durchs Gebüsch gelaufen komme und reißt sich los. Der Besitzer wird sich bedanken. Kaum
30 Minuten später steht erneut ein Tier im Weg. Dieses Mal ein Jungstier.
Er ist wohl ausgebüxt und ohne seine Herde etwas unsicher und ziemlich
gereizt. Ich aktiviere meinen Mut, reiße die Arme ruckartig hoch und treibe
den Stier so lange vor mir her, bis er zwischen den Zäunen abbiegen kann.
Dann folgt ein Aufeinandertreffen mit einem Hund. Ein Glück, dass ich mein
Leben lang Hunde hatte und deswegen die nötige Ruhe bewahre. Die Tiere
halten einen mit Rucksack bepackten Läufer in dieser Region sicherlich für
einen aggressiven Eindringling. Zumal der Hund wahrscheinlich noch nie
einen laufenden Menschen gesehen hat. Is' ja auch Quatsch bei dem Klima.
Der Tag neigt sich ebenso wie das Rennen dem Ende zu. Mittlerweile habe
ich 104 Kilometer anstatt der angekündigten 86 Kilometer auf der Uhr. In
der Ferne kann ich Henry sehen und beschließe, auf ihn zu warten. Die
Einladung zum gemeinsamen Zieleinlauf nach 12 Stunden und 24 Minuten
nimmt er gern an.

Entspannung nach getaner Arbeit: Lodge mitten im Dschungel.

Ende gut, alles gut

Wieder fängt es an zu schütten, und schlagartig wird es dunkel. Einige Läufer sind zu diesem Zeitpunkt noch draußen im Dschungel. Nur zehn von 25 Teilnehmern erreichen das Ziel. Einige gehen auch verloren und werden erst tief in der Nacht aus dem Dschungel zurückkehren. Das schockt mich hier nicht – Wasser zum Überleben ist reichlich da. Ich kümmere mich derweil um meine Regeneration und liege im Zielbereich unter einem Partyzelt. Zwei Physiotherapeutinnen aus Costa Rica massieren meine müden Beine. Es gibt Schlimmeres. Sie fragen mich, warum ich den weiten Weg von Deutschland zu diesem Lauf auf mich genommen habe, und ich antworte: »Ich wollte in meinen 52. Geburtstag reinlaufen.« Und schon singt die gesamte Crew auf spanisch *Happy Birthday*.

Nach einigen Umwegen bin ich tatsächlich im Ziel.

Auf der Rückreise komme ich wieder nach Atlanta. Bei der Ausreise ist es leichter. Es ist fast nix los. Das optische männliche Gegenstück der Airline-Lady sitzt an der Kontrolle und stellt die üblichen Fragen: Woher, wohin, was haben sie in Costa Rica gemacht? Ich fasse es in drei Sätzen zusammen. Er ist verblüfft, und ich erzähle noch ein paar Worte mehr dazu. Der Sicherheitsbeamte steht auf, öffnet die Tür seines Counters, geht hinten 'rum heraus und kommt zu mir. Er gibt mir die Hand und meint, dass wir bis auf einen Monat gleich alt sind und ihm diese Geschichte gerade Mumm gemacht hat, nicht immer zu denken, er sei zu alt für irgendetwas. Wahre, gute Geschichte, ich liebe meine kleinen Abenteuerläufe. La pura vida!

Was habe ich mir gedacht?

Es sind diese Morgen. Ich will zu meiner Lieblingsbahnstation ins Tal. Hier beginnen in den meisten Fällen meine Reisen in die weite Welt. Heute geht es nur zur Arbeit nach Hannover und dann weiter zur Zugspitze. Vorbesichtigungen für die nächsten Shows mit *Clueso* und *Ed Sheeran*. Es geht aber nicht los! Der Wagen steht mit Plattfuß auf dem Hof. Gott sei Dank sind meine Mutter Anja und ihr Freund »Horschdd« zu Besuch. Er erkennt sofort mein Problem, springt raus und schmeißt seinen Uralt-Diesel an. Mit Schwung geht es ins Tal. Horst ist schon 'ne Marke. Er kauft immer Autos für 500 Euro und fährt sie so lange, bis der TÜV die Fahrzeuge einkassiert. Der Mazda hat 350 000 Kilometer auf der Uhr und wird für die regelmäßigen Fahrten mit und ohne Wohnwagen durch Europa genommen.

Dank Horst erreiche ich meinen Zug und habe endlich mal wieder Zeit zum Schreiben. Die Idee zu diesem Buch entstand vor drei Jahren bei einem gemeinsamen Lauf mit dem Chefredakteur der Zeitschrift *aktiv Laufen*. Ich hatte zwei Berichte über meine Wüstenläufe für das Magazin geschrieben, und die kamen bei der Redaktion gut an. Das Konzept, das wir bei diesem Lauf entwickelten, entsprach in etwa der klassischen Vorstellung eines Buches zu verschiedenen Läufen, die der Protagonist gefinisht hat. Das Handicap, um intensiv an einer Veröffentlichung zu arbeiten, war allerdings, dass meine Eitelkeit über die Jahre erheblich nachgelassen hat. Das hat viele angenehme Seiten, da ich in meinen frühen Jahren gern in der ersten Reihe stand, das Maul aufriss und dafür gut draufbekommen habe. Zu Recht, weil ich auch ein arrogantes Stück war. Die zweite Antriebsfeder im Bereich der wirtschaftlichen Erwägungen griff auch nicht, da ich Beruf und Firma bereits habe und die Aussicht, mit dem Buch Profit zu machen, eher gering war. Ein Jahr später schrieb ich die Story zum Ultralauf in Costa Rica. Der damals zuständige Redakteur hörte von der Idee zum Buch. Er ist heute mein Co-Autor: Ralf Kerkeling. Ohne ihn hätte ich das Buch nie geschrieben. Er brachte die nötige Energie, hatte als Erster den Gedanken, nicht ausschließlich ein Sportbuch, sondern dieses (!) Buch zu schreiben, und er kümmerte sich um Kontakte. Es war mir schon immer zuwider, mich selbst zu promoten, das ist in etwa so smart wie eine allergische Reaktion – braucht kein Mensch. Wir fanden Verlage, die sich dafür interessierten, aber oftmals wieder aufgrund der sportlichen Erfolge ein reines Ultratrail-Buch vor Augen hatten und schließlich den Verlag, der genau das nicht wollte, sondern *Das bunte Buch des frei umherlaufenden Irren* auch für eine gute Idee hielt.

Somit war ich aus dem Schneider. Ich hatte nun die klassische Situation eines Auftraggebers, für den ich arbeite; in diesem Fall schreibe. Ich muss mich nicht selbst promoten. Am liebsten hätte ich es auch noch in der dritten Person geschrieben. Ich habe darüber nachgedacht und auch schon ein Pseudonym zum Schreiben erdacht: Hank Bonavita – haha. Ein weiteres Thema hatte ich auf dem Zettel, und da arbeite ich bis heute dran: Wie schreibe ich Berichte über Rennen, die ich auf Podestplätzen gefinisht habe, ohne dass sich das alles liest wie meine eigene Jubelfeier? Im Ernst: In Namibia habe ich gewonnen, und trotzdem war der Moment, der in Erinnerung bleibt, der Dank zweier Mitläufer bei der Abschlussfeier für meinen Support in dieser Woche.

Mir sind die Eitelkeiten heutzutage ein ständiges Ärgernis. Die Biografie von Haile Gebrselassie habe ich mir vor vielen Jahren gekauft und habe sie noch am selben Tag durchgelesen. Ein großes Idol für viele, auch für mich. Von Freunden und vor allem Laufkollegen bekam ich über die Jahre immer mal wieder eine Läufer-Biografie mit dem Hinweis »Schau der macht auch so kranke Sachen wie du!«.

Krank waren in dem Zusammenhang auch einige der Bücher. Mit Geschichten, die nicht stimmten. Ich bin die gleichen Rennen gelaufen, und die Veranstalter konnten meine Vermutungen nur bestätigen. Für mich auch immer die Motivation, bloß nicht hochstilisierte, heroische Texte über das Laufen, das Leiden, die Freude, die unbesiegbare Durchsetzungskraft des Willens und den ganzen »Tschaka-Kram« zu schreiben. Ich halte es für unverantwortlich, Menschen zu erzählen, dass allein der Wille sie zum Ziel bringen wird. Ich kenne Läufer, die mit diesem Konzept in der Wüste schweren körperlichen Schaden genommen haben, und weiß sogar von Teilnehmern, die aus diesem Grund gestorben sind. Dass Motivation uns weit tragen kann, ist unbestritten. Aber nicht über 250 Kilometer durch die Wüste – ohne Training.

Auch beliebt sind die Kollegen, die wir alle kennen. Jeder Meter und jedes Wehwechen wird im Netz kommuniziert. Man nimmt sich angeblich nicht so wichtig und trotzdem muss es raus, dass dies die beste Zeit war, die man jemals auf dieser Strecke gelaufen ist. Die meinen aber ihre heutige Trainingseinheit. Die Krönung sind dann die selbsternannten Meister. Der Start beim Extremlauf endet auf einem der letzten Plätze – trotzdem ist man erfolgreicher Extremsportler, hält gleich ein Seminar oder verkauft damit eine Creme. Klar ist das Ankommen bei einem Ultralauf ein Erfolg – unbestritten. Aber ein erfolgreicher Sportler in einer Disziplin ist vorn, oder ich habe meinen Trainer falsch verstanden, als er mir es erklärt hat. Glaube ich aber nicht, da mein Trainer immer Recht hat! Man muss nicht ein erfolgreicher Sportler sein, um sich zum Thema äußern zu dürfen, aber welch wunderbare Quelle des Irrsinns und Entertainments ergießt sich via *Facebook* und Co. über uns. Müßig, dies hier weiter auszuführen – wir erleben es täglich. Bestimmt postet gleich wieder einer seine heutige Trainingseinheit und dazu ein Foto von seinem Essen und irgendwas mit lustigen Tieren.

Beim *Köln-Marathon* hat ein Sani mal gesagt: »Wenn ich vorher gewusst hätte, dass hier eine Außenstelle der Psychiatrie ist, hätte ich Zwangsjacken mitgebracht.«

Läufer sind für sich selbst die größte Gefahr. Ich habe im Auftrag eines Kunden den weltweit ersten Nachttriathlon durchgeführt, lange bevor ich wieder mit dem Sport angefangen hatte. Im Rahmen dieses Rennens haben wir einen vollkommen erschöpften Sportler beim Wechsel aus dem Wasser ziehen müssen. Er bekam eine Infusion. Nach wenigen Minuten riss er sich selbst die Kanüle raus und lief los. Wohlwissend, dass er Ärger bekommt, hatte er es wie einen Fluchtversuch geplant. Er wartete gezielt auf den Moment, in dem der Arzt beschäftigt war und rannte sofort Vollgas los. Der Doc bat mich, den Mann aufzuhalten, und wir brauchten Sicherheitspersonal, um ihn zu stoppen, während seine schwangere Frau weinend und schreiend vor ihm stand, um ihn zur Aufgabe zu bewegen. Was für ein Idiot!

Vom Jahr 2006 an hatte ich mich eineinhalb Jahre mit dem Thema Triathlon und dem Training zu meinem *Ironman* beschäftigt. Auch hier gab es wunderschöne Erlebnisse. Liebe Kollegen vom Triathlon, ihr wisst genau, welche Jungs ich meine. Hier eine Story, die sich original so zugetragen hat: »Pyramidentraining« bedeutet Schwimmtraining über festgelegte Strecken. Wir haben intensive Belastungen und dazwischen kurze Erholungsphasen. An der Wand des Beckens, auf dem Vorsprung unter Wasser stehend, machen wir zehn Sekunden Pause – und dann geht es wieder los. Zeit genug für den Vereinskollegen auf der Nebenbahn, den Sitz seines Bizeps durch Anspannen der Oberarme zu überprüfen – erst rechts, dann links. Ergebnis zufriedenstellend, und nach diesem Zwischenspiel schwimmt er wieder los – Kacheln zählen. Ich mag das Training zum Triathlon sehr gern. Abwechslungsreich und sicherlich dadurch auch eine gute und gesunde Mischung. Die Belastung für den Gesamtorganismus und eventuelle Spätschäden fallen geringer aus. Schwierig wird es für mich, wenn Triathleten über ihre Fahrräder sprechen. Triathlon macht schöne Körper. Der Sport hat heute allerdings einen Charakter von Lifestyle bekommen, der mir nicht so liegt. Die Eitelkeiten und Befindlichkeiten sind nicht so meins. Mein Respekt für alle Sportler – ich schreibe hier über die zehn Prozent, die mit ihren Eitel- und Befindlichkeiten nerven. Das ist wenig, aber auch wenig kann nerven. Verbring doch mal 'ne Nacht mit einem Moskito im Schlafzimmer.

Die Frauen und Männer vom Stamm der Extremläufer sind mir angenehmer. Eitelkeiten und der Leistungsgedanke haben sich (mit den gemachten Erfahrungen) in eine etwas philosophischere Betrachtung des großen Ganzen gewandelt. Natürlich gebe ich mir trotzdem mit Freund Paolo Barghini das Vergnügen eines kleinen privaten Drei-Kilometer-Sprints in Jordanien. Auch wird gelegentlich hart um die Plätze gefightet. Magen und Darm rebellieren, und man liegt auch mal mit einer Infusion in der Ecke, wenn man nicht aufgepasst hat. Aber es ist anders.

Wenn wir uns zu Beginn eines einwöchigen Wüstenrennens treffen, herrscht immer eine unglaubliche Stimmung. Egal ob Anfänger oder alter Hase, es kommen Menschen aus der ganzen Welt zusammen, die eine Besonderheit verbindet. Ich kann es immer noch nicht wirklich benennen: Neugierde, Gelassenheit, die freundlichen, verbindenden Augenblicke? In diesem Fall meine ich wirklich Blicke – die Augen.

Es entstehen Freundschaften, die lange halten, obwohl man in den verschiedensten Ecken der Welt wohnt. Mein Freund Volker ist heute sogar »Ehrenopa« unserer Tochter. Bei meinem Lauf in Jordanien ging es am zweiten Tag einer Läuferin nicht sehr gut. Daraufhin hat ein Läufer sie begleitet, und er ist bis zum Ende der Woche bei ihr geblieben, obwohl sie sich zuvor nicht kannten, er einen anderen Plan hatte und in der Lage gewesen wäre, viel schneller zu laufen. Solidarität ist vielleicht ein Wort, das es ein wenig beschreibt. Jeder ist für jeden da, wenn Not aufkommt. Bei den Extremläufen gilt dieser Satz. In der Wüste erst recht.

Indien – Run the Rann

Nach Namibia beschloss ich, eine längere Wettkampfpause zu machen. Ich fiel nach dem Sieg in der Wüste Namib regelrecht in ein Motivationsloch. Kein Antrieb mehr, um jeden Tag wieder rauszugehen und zu trainieren.

Im Februar erreichte mich jedoch völlig unerwartet über *Runner's World* Deutschland eine Einladung, in Indien bei der Premiere eines 100-Kilometer-Laufes zu starten. Das kam mir gerade recht. Ein anderes Format und somit gab's für mich keine Vergleichsmöglichkeit mit meinen vorangegangenen Rennen. Die Tatsache, die erste voll gesponserte Einladung mit Flügen, Hotels etc. zu erhalten, hat mir in dieser schwierigen Zeit gut gefallen.

Mit dem Training war ich zu diesem Zeitpunkt massiv im Rückstand, aber das wollte ich mir nicht entgehen lassen. Mit maximal großer Lust geht es also schon drei Wochen später nach Bombay. Von dort weiter per Flieger nach Ahmedabad. Von dort geht es weiter mit dem Bus. Was für ein Trip!

Fazit der neun Stunden dauernden Busfahrt von Ahmedabad an die pakistanische Grenze bei Dholavira: Ich muss, wenn ich wieder zu Hause bin, einen Termin beim Zahnarzt machen, um den Halt der Plomben nachschauen zu lassen. Durch die zahlreichen Schlaglöcher auf der Wegstrecke werden sowohl der Bus als auch die Insassen mächtig durchgeschüttelt. Unglaublich hingegen, was so ein alter indischer Bus alles aushalten kann.

Während der Fahrt bekommen wir die Info, dass wir in Zweimannzelten schlafen werden. Das ist bei kleineren Veranstaltungen durchaus üblich. Umso größer ist die Überraschung, als wir schließlich im Basecamp in einer Halbwüste am Rande des Salzsees »Rann of the Kutch Lake« ankommen. Haben die Zelte sonst eine Igluform im Miniformat, stehen hier 40 Zelte in der Ausführung »Sultan«. Größe: 25 Quadratmeter, zwei Betten, angebauter Badtrakt inklusive Toilette, Dusche und Waschbecken mit Spiegel. Als Bodenbelag überall Teppiche. Das Catering sieht aus wie der VIP-Backstagebereich beim Scheich, wenn die *Rolling Stones* spielen. Die Veranstalter meinen es scheinbar ernst mit dem Plan, *Run the Rann* als ein großes Trailevent in Indien zu etablieren.

Local Runners mit Nikki Kimball, Krissy Moehl und mir auf dem Weg zum Checkpoint.

Wir haben einen Tag zum Akklimatisieren und Registrieren und bekommen unsere Einweisungen in Strecken- und Sicherheitsfragen. Wir befinden uns in einem militärisch streng gesicherten Gebiet, nahe der pakistani-
schen Grenze – auf historisch und kulturell bedeutsamen Boden. Dholavira
ist eine der ältesten Städte der Welt. Vor 5000 Jahren lebten hier bereits
20 000 Menschen.

Einige »Hochkaräter« der internationalen Trailszene sind am Start: Nikki
Kimball – mehrfache Gewinnerin des schwersten Rennens in den USA, den
Western States 100 Meilen. Die Amerikanerin Krissy Moehl ist auch dabei, sie
gewann viele Rennen, so auch den schweren *Ultra Trail Mont Blanc,* und der
Ungar Csaba Németh belegte dort in der Gesamtwertung auch schon den
zweiten Platz.

Am nächsten Morgen geht es um 7.30 Uhr raus auf die 21, 42 und 101 Kilometer langen Strecken. Alle Disziplinen starten gleichzeitig. Viele Läufer
gehen das Rennen zügig an. Man wird sich auf der Strecke später wieder-
treffen. Zusammen mit drei Jungs aus der Gegend und zwei Kollegen aus
Griechenland geraten wir unterwegs auf die 21-Kilometer-Runde. Bis der
Irrtum aufgeklärt ist und wir zurück auf der 101-Kilometer-Strecke sind,
vergehen 35 Minuten. Gut, dass der Fehler nicht bei mir liegt. Ich bin ja

Unser Luxuscamp bei Nacht.

bekannt dafür, abenteuerliche Ausflüge abseits der Markierungen zu un-
ternehmen. Frisch sortiert auf dem Kurs versuche ich, zusammen mit den
beiden Jungs aus Griechenland, die verlorene Zeit zu Krissy und Nikki auf-
zuholen. Beim Checkpoint an der 45-Kilometer-Marke finden wir die beiden. Bis auf den kleinen Ausrutscher mit der 21-Kilometer-Runde ist die
Strecke wirklich perfekt markiert.

Die ersten 50 Kilometer sind technisch sehr anspruchsvoll. Viele »Ups
and Downs«, lose Steine und Kletterpassagen. Anspruchsvolle Single-
Tracks »at it's best«. Dinge, die ich bei mir zu Hause nicht trainieren kann
und die auf Dauer zu einigen Verhärtungen in der Muskulatur führen. Dies
rächt sich bitter in dem Moment, als ich auf dem flachen Teil der Strecke
laufe und denke »Jetzt kommt meine Zeit!«. Was aber kommt, ist ein mas-
siver Krampf im Oberschenkel. Ich muss unsere Vierergruppe verlassen
und stehe schimpfend und krampfend auf dem Kurs. Ich packe mein Salz
aus und weitere Elektrolyte und beginne, nach dem Ende des Krampfes zu
walken. Ich habe ernsthaft Sorgen, dass ich gerade, wo es für mich läuft,
raus muss. Dank Salz und Elektrolyten kann ich fünf Minuten später weiter
und schließe später wieder zu meiner Lieblingscrew mit Krissy, Nikki und
Prokopis Pakis auf. Wir erzählen uns gegenseitig Geschichten von den zahl-

Die *Monkey Dance Crew* auf Platz zwei – Mit Nikki Kimball (l.) und Krissy Moehl tanze ich ins Ziel.

reichen Rennen, die wir alle schon gelaufen sind. Die beiden Mädels singen Lieder über Gambling (Glücksspiel), Whiskey und andere Sachen, die Spaß machen. Welch' Ehre.

Wir sind seit einiger Zeit am flachen Strand des Salzsees unterwegs und wechseln nun auf die Salzflächen. Kilometerweit nur Weiß um uns herum. Sieht aus wie Schnee – allerdings haben wir eher knapp 40 Grad plus. Mittlerweile sind wir rund zehn Stunden unterwegs. Zeit für Philosophisches, zumal wir ja in Indien sind. Ich denke zwischendurch an meine Krise nach dem Namibia-Rennen und was als nächstes kommen mag. Dabei stellen sich mir die entscheidenden Fragen für Training und zukünftige Rennen: Macht es Sinn, viele Kilometer zu machen oder sollte ich den Kilometern viel Sinn geben? Ich arbeite seitdem am zweiten Teil der Frage.

Nach und nach stecken wir uns alle Musik in die Ohren, und ich bekomme angesichts dieser riesigen Salzflächen extrem gute Laune. Ein traumhafter Sonnenuntergang über dieser einmaligen Szenerie setzt dem Ganzen die Krone auf, perfekt. Die Freude muss raus, und ich laufe immer schneller. Am nächsten Checkpoint schmeiße ich meinen Rucksack hin, schnappe mir vom Veranstalter ein paar Dosen Cola und laufe wieder zurück, den Mädels entgegen. Deren Freude über den unerwarteten Cateringservice auf dieser

Strecke ist groß. Gute Laune steckt an, und so gibt jeder von uns passend zu seiner Musik im Ohr kleine Tanzeinlagen während des Laufens. Ausgenommen Prokopis: Er läuft bereits am Limit, um bei uns mithalten zu können.

Es war nie ausgesprochen und trotzdem seit Kilometer 50 klar, dass wir zusammen einlaufen werden. Krissy macht den Vorschlag, die Ziellinie mit einem kleinen, gemeinsamen Tanz zu überqueren – wo wir eh schon so viel tanzen. Es werden kurzfristig drei Choreografieproben auf der Strecke einberufen. Und nach genau 13 Stunden gibt es die Weltpremiere unserer *Monkey Dance Crew* im Ziel des *Run the Rann* in Indien. Das Finish auf Platz zwei fühlt sich gut an. Gewonnen hat mit einer Stunde Vorsprung Favorit Csaba Németh. Wir liegen uns in den Armen und wissen genau, dass wir gerade einen der ganz besonders schönen Tage erlebt haben. Jeder Wettkampf ist anders, und manchmal fühlt es gar nicht an wie einer – schöne Zeit. Wir bleiben danach in Kontakt, und ich verfolge mit Spannung, wie Nikki Kimball zwei Monate später den *Marathon des Sables* gewinnt.

Auf der Heimreise wird es noch ein wenig spaßig. Der Flieger von Ahmedabad nach Bombay fällt einfach aus. Weitere Erklärungen dazu gibt es nicht. Eine Stunde später werde ich zu einem Flug einer anderen Airline geschickt. Das Ticket funktioniert beim Check-in leider nicht, aber ich mache wohl einen etwas verlorenen Eindruck, also nimmt man mich so mit. Um meinen Lufthansaflug in Bombay zu erreichen, wird es mal wieder arg eng. Am Bombay-Airport gibt es ein neues Terminal, und wie es so ist mit neuen Terminals – sie funktionieren nicht. Lange Schlangen und Tumulte vor den Countern. Einige benehmen sich in der Sorge, ihren Flug zu verpassen, ziemlich daneben. Dabei haben alle das gleiche Problem. Im Gegensatz zu Atlanta hätte mir eine Nacht in Bombay sicherlich Spaß gebracht. Ich beschließe, ruhig zu bleiben. Nach Gepäck- und Passkontrolle gibt es noch ein einprozentige Chance, den Flug nach Frankfurt zu erreichen. Airport-Tempolauf mit Rucksack ist mal wieder angesagt. Bombay hat über zwölf Millionen Einwohner, und dementsprechend groß sind Gates und Terminals. Überall sind Restaurants und Cafés, vor denen die Menschen sitzen. Als ich durchstarte, applaudiert mir einer der dort Sitzenden. Andere schauen, was da so vor sich geht und spenden ebenfalls Applaus für meine Sondereinlage »Airport-Running«. Das Klatschen begleitet mich über den langen Gang hinweg wie eine akustische La-Ola-Welle. Sieht alles aus wie ein Flashmob und bereitet mir mächtig Gänsehaut. Happy End am Flieger. Nun komme ich mir tatsächlich vor wie die Rosamunde Pilcher des Extremlaufs.

Krise, Motivation und alles auf Anfang

D er Umgang mit Krisen: Die Frage stellt man sich oft selbst, die Frage wird auch von anderen ganz oft gestellt, und manchmal stellt sich diese Frage mitten in den Weg – unaufgefordert. Dann stehst du im Rennen und denkst, es geht nicht mehr weiter. Geht doch! Und damit geht es schon los … Das Wort »gehen« ist ein wichtiges. Bei einem Rennen ist die Richtung, in die man läuft, erst mal das entscheidende Kriterium. Du musst aber nicht laufen. Die benötigte Zeit ist sekundär. Vor allem beim Ultra. Man kann sich das auch gern mal andersherum denken. Falsche Richtung, aber schnell. Das bringt nix.

Mein Vater war Psychologe. Ich habe das Fach mal studiert – bin aber wieder raus. Ich werde hier keine Abhandlung zu den Hintergründen über Zweifel, Ängste oder Krisenbewältigung schreiben. Das macht Michele Ufer sehr schön in seinen Büchern. Wir kennen uns gut, sind zusammen in Namibia gelaufen, und er hat mich bei unseren Treffen auch auf eine interessante Erkenntnis gebracht.

Aber vorab: Während eines langen Laufs kommen unweigerlich Krisen. Bei jedem! Menschen, die keine Krisen kennen in ihrem Rennen, würden mir eher Sorgen machen. Was erwartest du, wenn du 50, 100 oder mehr als 200 Kilometer läufst? Es ist die ständige Kommunikation zwischen dir und deinen Grenzen. Die Grenzen und der Läufer. Ein altes Ehepaar, das sich gut kennt, sich liebt und sich immer wieder neu erfindet. Dabei rumpelt es schon mal. Ist ja auch keine neue Erkenntnis, dass man Grenzen meist erst erkennt, wenn man sie überschreitet. Das tun wir. Nennt sich dann auch Krise, Depression oder Angst vor dem Versagen. Dem Kölner bin ich dankbar dafür, dass er für diesen schwierigen Zustand einen leichteren Begriff geprägt hat: »Dat ärme Dier«. Diesen Ausdruck wähle ich in diesen Situationen für mich. Klingt viel besser als Krise oder Angst. Du fühlst dich wie ein verprügelter Hund, und dann stellt sich die entscheidende Frage: Was tun? In früheren Zeiten habe ich die Krise begrüßt. Tatsächlich als eine Art

Rollenspiel. Sie kommt wie unangekündigter Besuch, der einem gerade gar nicht passt. Gastfreundschaft ist ein hohes Gut für mich, und somit begrüße ich den durchreisenden Gast in meinem Haus. Ich weiß aber genau: Es handelt sich um einen durchreisenden Gast. Er zieht nicht ein, sondern demnächst wieder weiter. Diese Zeit gilt es durchzustehen. Bei Kuchen, Kaffee oder Tee.

Klingt ein bisschen wie ein Bilderbuch meiner Tochter oder Malen nach Zahlen. Ein extremes Abenteuer ist wirklich ein wenig wie Malen nach Zahlen. Das große Ganze ist zu viel, aber Punkt für Punkt findet das Kind sein Ziel, der Läufer findet es Checkpoint für Checkpoint, und beide Male endet es in einem Gesamtkunstwerk. Dieses Gedankenspiel hat mir geholfen. Jeder findet seinen Umgang damit, und wenn es klappt, ein erfolgreiches Konzept. Das Thema ist schwierig, aber der Kopf ist rund. Das erleichtert den Richtungswechsel beim Nachdenken über diesen durchaus auch schönen Aspekt des Laufens.

Nach zehn Extremläufen in den Wüsten und einigen anderen im Dschungel, durch Lapland oder demnächst in Australien, hat sich das Thema Krisenbewältigung verändert. Es ist kein besonderer Moment, auf den ich achten muss. Eine Krise ist wie der nächste Checkpoint Bestandteil des Rennens. Nun bin ich allerdings auch mein Leben lang mit Krisen reich gesegnet gewesen. Der gewalttätige Vater, meine eigene Zeit im Alkohol und nicht minder auch mein Leben als DJ oder Konzertveranstalter. Wenn wir ein Konzert mit Ed Sheeran auf der Zugspitze veranstalten, verursacht das einen allgemeinen Alarmzustand bei allen Mitwirkenden. Wenn dann Orkanböen den Gondelbetrieb lahmzulegen drohen und dadurch die Veranstaltung kippt, kann schon mal bei dem ein oder anderen Krisenstimmung aufkommen. Bei mir nicht mehr. Das ist kein besonderes Talent, sondern gelebt und gelernt. Ich lass' mich nicht mehr leicht erschrecken. Wer sich nach 20 Jahren Saufen selbst per kalten Entzug vom Alkohol befreit, der weiß, was richtige Probleme sind. Danach hat man keine oder – wenn – nur noch wenig Angst.

Früher war ich immer auf der Suche nach dem perfekten Rennen. Das hat mich sehr beschäftigt. Warum ist es mir nicht gelungen, mal ein Rennen so zu gestalten, dass es meiner Meinung nach fehlerfrei war? Das beinhaltete aber auch sogleich das Thema Krise, wenn was schieflief. Heute weiß ich, dass die Suche nach dem perfekten Rennen cool klingt, aber so sinnlos ist wie die Suche nach dem besten Song, dem schönsten Film oder dem besten Buch.

Durch Michele Ufer habe ich aber was Interessantes gelernt. Ich hatte Berichte von ihm gelesen und mir gemerkt, dass er in der Atacama-Wüste sehr gut gelaufen war. Bei einem Telefonat kommen wir auf das Thema Hypnose und die Beeinflussung des Unterbewussten. So ist im Sport eines meiner Lieblingsthemen mein Gewicht. Ich bin kein Stoffwechselmonster, das schlank bleibt – egal was passiert. Ich muss achtsam sein und für mein Wettkampfgewicht von 70 Kilogramm bei 1,77 Meter Größe kämpfen. Ich bin somit nicht sonderlich leicht, aber wenn ich darunter komme, funktioniere ich nicht mehr gut. Nach oben ist die Grenze ziemlich offen, und regelmäßig müssen einige Kilos runter. Unter anderem quälen mich in wirklich harten Trainingsphasen Heißhungerattacken. Dann geht mein Unterbewusstsein mit mir an den Kühlschrank oder zum Bäcker und lässt mich erst wieder erwachen, wenn schreckliche Dinge passiert sind. Zwei Tafeln Schokolade sind weg, oder das Nutella-Glas ist leer. Ein Zustand, in dem Papa gefährlich werden kann. Das hat Mara ganz früh gelernt und ihre Gummibärchen vor mir versteckt. Sie konnte noch nicht laufen oder sprechen – aber das wusste sie.

Diese Attacken waren der Grund, um Michele zu besuchen. Wir haben uns natürlich sehr lang unterhalten, da wir beide lange Läufe lieben. Wir haben uns auch meines Süßigkeitenthemas angenommen. Er hat mich hypnotisiert und mir anschließend erzählt, dass ich dafür sehr zugänglich gewesen sei.

In weiteren Gesprächen kamen wir auf den Verdacht, dass ich mich wahrscheinlich durch das Laufen selbst hypnotisiere. Klingt etwas gewagt, macht aber total viel Sinn und ergibt sich aus einigen Zusammenhängen. Ich verlaufe mich gern mal auf den Kursen. Gut, das könnte auch reine Blödheit sein. Aber was mir dazu weiterhin einfällt, sind die interessanten Geschichten am Nachmittag im Lager, wenn wir zusammensitzen. Wenn es gut läuft, komme ich ziemlich früh als einer der ersten ins Camp. Essen, trinken, Rucksack auspacken – chillen. Nach und nach kommen die Kollegen rein und erzählen von ihrem Tag: *»Erinnerst du dich an den einzelnen Baum mitten in der Wüste?« »Ist dir das Tal aufgefallen?« »Hast du mitbekommen, was an Checkpoint Nummer 3 los war?«* Ich sitze immer daneben und frage mich, worüber die Jungs eigentlich reden. Ich bin da gewesen und habe es erlebt. Sogar sehr intensiv, sonst wäre ich nicht so glücklich am Nachmittag. Ich habe allerdings immer nur wenige Bilder gespeichert. Egal, wie wir es nennen – das »Selbsthypnose-Dings« hilft. Die Zeit geht um wie im Flug. Ich bin schon mal nach fünf Stunden Laufen in der Wüste um einen Felsen gekommen, vor mir stand das Zielbanner und ich war unglücklich, dass es schon vorbei war. Ich vermute es hilft mir auch bei Schmerzen oder beim Thema Krisen. Ich krieg' ja nix mit! Das ist der Stand nach vielen Extremläufen. Am Anfang war es nicht so, und da nahm es mich deutlich mehr mit. Unzählige unruhige Nächte und blöde Gedanken, dass das nicht zu schaffen sei, waren die Regel.

Ich erinnere mich noch gut an meine Strategie in den Anfangstagen, als ich mich durch positive Gedanken selbst zu unterstützen versuchte. Ich habe versucht, an etwas Schönes zu denken. Strände und Palmen waren beim *Marathon des Sables* immer meine Bilder. Das war aber so abstrakt und allgemein, dass es bei mir nicht funktionieren konnte. Wenn ich zu Vorträgen oder Reden eingeladen werde, ist die meistgestellte Frage die, wie ich mit Krisen umgehe. Es gibt Literatur dazu, es gibt hilfreiche Anregungen von anderen Läufern. Am Ende zählt die Erfahrung, und die muss man einfach selbst machen. Manchmal wird dem Thema in unserer zunehmend hektischer und nervöser werdenden Welt auch zu viel Aufmerksamkeit geschenkt.

Für mich ist es heute leicht. Ich habe Erfahrungen gesammelt. Und ich habe meine kleine Tochter, die mir noch viel mehr gibt! Diese machte bei der Abreise zum *Sahara Race* 2010 folgendes: Als ich mich von dem 13 Monate alten Kind verabschiede, stellt sie sich in diesem Moment das erste Mal auf zwei Beine neben mich und hält sich an meinem Knie fest. Ich – war klar – fange gleich wieder an zu heulen, aber das Entscheidende ist: Dies war das Bild, das mich auf meinen ersten Podestplatz gebracht hat. Wenn die Kleine sich so viel Mühe gibt, laufen zu lernen, was soll ich als ihr Vater in der Wüste 'rumjammern, wenn es mal 'nen halben Tag nicht so läuft?

Die Sache mit dem
Rock 'n' Roll – Ed Sheeran

In den DJ-Zeiten merke ich nach ein paar Jahren, dass eine Steigerung an Spaß und Erfolg kaum realistisch ist. Zeitgleich sehe ich die älteren Kollegen, wie sie in den großen Diskotheken arbeiten und die Flasche Whiskey neben dem Plattenspieler steht. Ich will parallel irgendwas tagsüber mit Musik machen. Bei einem Label mit Verlag und Management-Abteilung mache ich eine Ausbildung, um mich bald danach selbstständig zu machen. Als ich 1992 meine Firma »Lux Musik« gründe, kauft mich Bertelsmann gleich auf. Ich lasse mich gern kaufen, da ich keine müde Mark über habe, um eine mehr als dreimonatige Anlaufphase zu kompensieren. Allerdings zahle ich das Startkapital nach zwei Jahren zurück, da wir inhaltlich nicht zusammenpassen, »Lux Musik« gehört wieder mir. Ich will unabhängig sein. Die Firma läuft, und das Risiko ist überschaubar. Ich kümmere mich um das Management mehrerer deutscher Musiker. Neben der Management-Tätigkeit organisieren wir auch viele Shows mit nationalen und internationalen Künstlern. Wir ziehen durch die 90er-Jahre, leben in Nightlinern, veranstalten bis heute weit über 3000 Konzerte und haben meist sehr viel Spaß dabei. Zu den Künstlern gehören *Die Fantastischen Vier, Simple Minds, Kim Wilde, Nena, Chris de Burgh, Billy Idol* und viele mehr, auch *Rihanna* begleiten wir mit der *Neuen Philharmonie Frankfurt* bei einer Show in Düsseldorf.

Bei unseren heutigen – teilweise sehr spektakulären – Konzerten sind die Thematiken denen der Wüstenrennen nicht unähnlich. Ich finde es auch hierbei wichtig, dass die ersten Schritte in die richtige Richtung gehen. Fundamental wichtig! Als Beispiel dafür erzähle ich gern die Geschichte des weltweit ersten Nachttriathlons, den wir veranstaltet haben.

Im Jahre 2002 bekommen wir den Auftrag von der Emschergenossenschaft, den technischen Bereich dieses Specialevents durchzuführen. Sie wollen eine weitere hochwertige Sportveranstaltung im Ruhrgebiet etablieren. Der Nordsternpark in Gelsenkirchen ist der Austragungsort. Das

Amphitheater im Park wird Zentrum und Ziel des Triathlons. Die Schwimm-
strecke im angrenzenden Rhein-Herne-Kanal muss hell ausgeleuchtet
werden, damit die DLRG-Boote und -Schwimmer ihre Aufgaben im Notfall
wahrnehmen können. Auch, um den Irren einfangen zu können, der vom
Arzt aus dem Rennen genommen wird, als er mit Infusion im Arm wieder
zurück ins Rennen will. Die Laufstrecke im Park braucht Licht. Die Stra-
ßenbeleuchtung für die Radfahrer wird an gefährlichen Punkten der Strecke durch uns mit Zusatzlicht versorgt. Es rollen etliche Sattelzüge mit
Material an. Tagelang werden viele Kilometer Kabel verlegt und Gene-
ratoren im Park positioniert. Eine Veranstaltung dieser Art hatte vor uns
noch niemand gemacht, schließlich handelte es sich um eine Weltpremiere. Auch für den Auftraggeber neues Terrain. Die Emschergenossenschaft
vertraut uns das Thema an, obwohl viele andere Veranstalter gern den Job
gemacht hätten und wir zuvor noch nie zusammengearbeitet hatten. Wir
wachsen an dieser wilden Veranstaltung, und mit dem Team der Emschergenossenschaft arbeiten wir seitdem immer wieder zusammen, wenn es
darum geht, größere oder ungewöhnliche Veranstaltungen zu meistern.

Beim Probelauf am Vorabend ist die Welt noch in Ordnung. Am Veranstaltungstag knallt es: Laut Wetteramt Essen kommt am Nachmittag die
größte jemals gemessene Menge Regen vom Himmel. Die offizielle Aussage
des Wetteramtes nach 100 Jahren Wetteraufzeichnung in der Region lautet:
100 Liter Regenwasser pro Quadratmeter in weniger als 30 Minuten. Die Zeitung ist am Tag darauf voll mit Bildern von Autos, die bis zum Dach im Wasser
stehen. Das Parkgelände wurde nach der Nutzung als Abraumhalde für die
Bundesgartenschau 1993 abgeplant. In etwa einem Meter Tiefe befindet sich
diese Plane. Die Unmengen an Regenwasser können deswegen nicht weg-
sickern. Es bilden sich Seen und Bäche, in denen nun unsere Kabel liegen.

Durch meine Kindheit und den nicht einschätzbaren Attacken meines
Vaters ist mein Umgang mit Stress früh geübt. Gewalt, Schläge, Aggression
und Psychoterror sind durchaus heftigere Begleiter als das, was wir gern im
Berufsleben als Stress bezeichnen. Unser Produktionsbüro befindet sich in
einem Glas-Penthouse, oben auf dem Pumpwerk. Um uns herum scheint
alles wegzufliegen. Danach schwimmen die Gegenstände. Bevor das Unwetter richtig losschlägt, rufe ich alle per Funk zum Pumpwerk in Sicherheit. Meine Mitarbeiterin Jessica hat mit einigen Technikern den weitesten
Weg zum Produktionsbüro. Um das Pumpwerk herum gibt es mittlerweile
Sturzbäche. In der Panik versenkt Jessica mein Auto in den Fluten. Nicht

ihre Schuld. Der Wagen braucht danach einen neuen Motor. Wichtiger ist, dass mein Team heil »an Bord« ist im Büro, als die Wassermassen alles wegschwemmen. Es ist beeindruckend. Einige Mitarbeiter haben nachvollziehbar Angst. Ich nehme mir vom Erbseneintopf. Einige Kollegen sind fassungslos, dass ich jetzt essen kann. Ich sehe das anders: Ich kann nichts ändern, weiß aber, dass für den Versuch, die Veranstaltung danach noch zu retten, kaum mehr Zeit bleiben wird. Wie das so ist mit Unwettern: Sie gehen vorbei. Die Helfer und Techniker schwärmen aus. Es gibt keinen Plan mehr – nur meine Ansage, dass alle aus Sicherheitsgründen zunächst in Zweierteams arbeiten sollen. Strom und viel Wasser ist keine gute Kombination. Wir retten die Veranstaltung – ich weiß nicht wie.

Diese Situation ist vergleichbar mit gewissen Rennsituationen. Für den Nachttriathlon war es wichtig, ein gutes Konzept zu haben. Nach dem Sturm musste es angepasst werden. Noch wichtiger war es aber, dass die 50 Männer und Frauen, mit denen wir diesen Nachttriathlon im technischen Bereich umgesetzt haben, von Anfang an großen Spaß an dieser Aufgabenstellung hatten, neugierig waren und dass sie professionell arbeiten konnten.

Man trifft sich ja immer mehrmals im Leben. Wenn ich heute Kollegen von damals bei meinen Produktionen wiedersehe, kommt das Gespräch immer noch zuerst auf den Nachttriathlon.

Aber auch heutzutage haben wir immer wieder – zwischen vielen »normalen« Veranstaltungen – schöne Abenteuershows. Eines dieser Highlights stammt aus dem Sommer 2014. Der Künstler heißt *CRO* und tritt mit Band auf dem Dach des Sportmuseums im Kölner Rheinauhafen auf.

Auf dem Dach hatte vor zwölf Jahren *Robbie Williams* in seinen absoluten Hochzeiten ein neues Album präsentiert. Ergebnis war, dass der Verkehr auf der angrenzenden vierspurigen Severinsbrücke zusammenbrach. Tausende von Fans hatten sich dort versammelt, da man von dort auf das Dach sehen konnte. Dementsprechend alarmiert war die Stadt Köln, als wir mit unserem Konzept auftauchten. Die Medienpräsentation von *Robbie Williams* fand ohne Publikum auf dem Sportmuseum statt, und nach dem Unglück in Duisburg bei der *Love Parade* hat sich die Genehmigungslage für derartige Veranstaltungen sehr verändert – zu Recht. Wir wollen es mit Publikum machen. Es gehen viele Termine ins Land. Es gibt Besprechungen mit Bauamt, Brückenamt, Hafenbehörde, Ordnungsamt, Feuerwehr und Polizei, und in den besten Zeiten sind drei Statiker am Werk, die Berechnungen über die Tragfähigkeit des Daches und die Windstabilität der Bühne durchführen. Fakt ist, dass für

Bühnen in dieser Höhe über dem Erdboden gänzlich andere Vorschriften gelten als im Normalfall. Die Bühne muss da oben bis Windstärke zwölf sicher sein, weil berechtigterweise der Gedanke im Raum steht, dass bei Sturm herabstürzende Bühnenteile Einsatzkräfte im Hafen gefährden könnten. Die Bühne braucht somit für ihre Stabilität sehr große Wassertanks, die viel Gewicht auf das Dach bringen. Ob das Dach dies trägt, muss erst noch errechnet werden. Während meine Kollegin Saskia sich um die Statiker und die Freigaben durch das Bauamt kümmert, arbeiten sich meine Mitarbeiterin Vanessa und ich an tausend anderen Themen zu dieser Veranstaltung ab. Das »Okay« für das Konzert von Seiten der Genehmigungsbehörden kommt erst zwei Tage vor der Show. Die Unterschrift zur Show erfolgt erst am Veranstaltungstag, nachmittags. Hierzu muss gesagt werden, dass wir zu jeder Zeit in engem Kontakt standen und von Behördenseite signalisiert wurde, dass eventuell anstehende Themen sich in einem lösbaren Rahmen befinden werden.

CRO selbst ist sehr angenehm, auch sein Umfeld. Er trägt bekanntermaßen eine Panda-Maske. Dies allerdings nicht den ganzen Tag. Freundlicherweise gibt er immer zuvor Bescheid, wenn er die Maske abnimmt, damit niemand aus Versehen ein Foto macht. Die Mitwirkenden sind alle Profis, und dem Künstler ist seine »Immunität« wichtig. Trotzdem könnte es aus Versehen passieren, dass jemand sein Handy zückt, um vielleicht etwas ganz anderes auf dem Dach zu fotografieren. Dann müsste aber die anwesende Security einschreiten. Um diese Situation gar nicht erst entstehen zu lassen, ist CROs Ansage »Achtung Jungs, ich zieh' jetzt meine Maske aus« sehr hilfreich. Wir rechnen ihm das hoch an, weil es die Situation auf dem Dach »entstresst«.

Das komplette Material für Bühne Ton und Licht muss per Kran aufs Dach. Es dauert drei Tage, bis die Produktion gebaut ist. Da der Kran sowieso neben dem Gebäude steht, habe ich die Idee, den Künstler zu Beginn der Show per Kran einfliegen zu lassen. CRO findet die Idee gut – auch wenn ihm ein wenig mulmig ist, als er in der Gondel hoch über dem Rhein hängt. Das Bild von CRO über Rhein und Museum ist auf jeden Fall der Hammer und der Aufmacher für viele Reportagen und Titelseiten.

CRO ist durch, und ich kümmere mich parallel um mein kaputtes Knie. Auf dem Dach des Sportmuseums bin ich beim ersten Ortstermin drei Wochen nach der Operation die ersten Schritte gelaufen, um Saskia und Vanessa zu zeigen, dass das blöde Knie hält. Aber in den Wochen danach sinkt die Stimmung, das Knie macht nicht das, was es soll – funktionieren! Zeit für Yoga. Wollte ich all die Jahre schon, habe aber keine freie Energie dafür gehabt. Meine Frau weiß, wie sehr mich das Knie mitnimmt und verordnet mir einen Kurs als Geburtstagsgeschenk. Yoga tut mir gut in dieser schwierigen Zeit, und nach einem knappen Jahr beginne ich auch ein wenig davon zu verstehen. Wusste ich anfangs gar nichts, bin ich erstaunt über die Dinge, die seitdem passiert sind. Ich bin sehr entspannt und gespannt, wie es damit weitergeht.

Es findet sich auch mehr Zeit zum Schreiben.

Die grundsätzlichen Skizzen meiner Laufberichte sind direkt nach den jeweiligen Rennen entstanden. Ausgenommen hiervon sind die ersten Läufe. Hinter der Ziellinie sind die Eindrücke noch so frisch und die Emotionen so stark, dass sich der Wahnsinn leicht 'runterschreiben lässt. Aus der zeitlichen Entfernung, einige Wochen später, fehlt mir oft der Mut, emotional zu schreiben. »Ich gehe in ein Seitental und heule Rotz und Wasser ...« Das lässt sich leichter schreiben, wenn es eben erst passiert ist. Wenn ich mich diesen Themen später nähere, habe ich meist die Sorge, im Kitsch zu enden. Allerdings mache ich beim Schreiben in den Monaten September bis Dezember 2014 eine neue Erfahrung.

Ich bereite einen Telekom Street Gig mit *Clueso* in Hannover und parallel einen mit *Ed Sheeran* auf der Zugspitze vor. Während ich früher viel mit dem Auto oder Flieger gemacht habe, steige ich jetzt um auf die Bahn, da ich die Zeit zum Schreiben nutzen will. Mein Ritual ist nun folgendes: Ich steige in Köln in das Bordrestaurant des ICE, bestelle mir einen Latte Macchiato und einen Espresso, den ich in den Latte integriere – und los geht die Schreiberei. Danach das gleiche Gedeck noch mal, und wenn ich in Hannover aus dem Zug falle, bin ich mit dem Buch schon wieder ein gutes Stück weiter. Das läuft super. Ich vermute, dass die Bewegung und Geschwindigkeit des Zuges einen positiven Einfluss auf meine Schreiberei hat – wie passend bei diesem Buch. Irgendwie geht es mir um die Themen Neugierde, Wege und den Drang nach vorn.

Es läuft so gut, dass ich in Hannover einmal fast den Ausstieg verpasse. Als ich den Schaffner frage, wo wir eigentlich gerade sind, sagt er: »Wir stehen im Bahnhof Hannover.« Ich klappe den Rechner zu, versuche nix liegen zu lassen und drücke meinem Tischnachbarn für die zwei Kaffee 50 Euro in die Hand. Der Kellner war zu weit weg. Ich habe es nicht kleiner und schaffe es gerade noch zur Tür raus. Glück gehabt – teures Vergnügen.

Die Show mit *Clueso* in den Herrenhäuser Gärten in Hannover wird gut. Spektakulärer wird das letzte Projekt des Jahres.

Im Dezember spielt *Ed Sheeran* auf der Zugspitze. Eine logistische Herausforderung der besonderen Art. Die ersten Ortstermine finden im Oktober statt. Ich lerne Elisabeth Laumer von der Zugspitz AG kennen, und wir haben sofort einen direkten Draht zueinander. Eisern werden wir bis zum Ende der Veranstaltung das »Sie« beibehalten, obwohl wir beide im gleichen Alter und Originalbayern sind. Erst fünf Tage nach der Show, nachdem alles geregelt und abgerechnet ist, gehen Lissy und ich zum Du über. Ich find's zauberhaft, da normalerweise in unserem Geschäft das Du über alle Generationen hinweg der Standard ist. Lissy war auch so nett, mir während einer zweitägigen Besprechung zu diesem Konzert am Eibsee ein Hotel zu besorgen. Zu der Zeit habe ich gerade zwei Wochen meines Spezialtrainings hinter mir – jeden zweiten Tag zehn Minuten laufen. Da dieses Konzept aufgeht, habe ich meine Laufsachen dabei und den wilden Plan im Kopf, meinen ersten richtigen Lauf nach fünf Monaten um eben diesen See zu machen. Hintergrund für diese Idee ist natürlich die Ablenkung durch die wunderschöne Umgebung. Das Wasser ist grün-blau und sieht aus wie in den alten Winnetou-Filmen mit Pierre Brice – *Der Schatz im Silbersee*. Was für meine Tochter heute Yakari mit seinem Pferd Kleiner Donner ist, war für mich früher Winnetou mit Iltschi. Interessanterweise geht Mara in die gleiche Richtung. Ich war auch als Kind immer Indianer, nie Cowboy.

Meine Runde um den See startet morgens um 7 Uhr, als es gerade hell wird. Es ist sehr kalt, kein Mensch ist unterwegs. Ich bin sehr gespannt, ob der Plan aufgeht und das Knie hält. Vom See geht der Blick zweitausend Höhenmeter senkrecht hoch auf den Gipfel – die Zugspitze. Das ist alles so kraftvoll und beeindruckend, dass der Fuchsgruber das obligatorische »Reinhorchen« ins reparierte Knie vergisst. In den vergangenen Wochen und Monaten habe ich neben den physischen Problemen eine zweite Krankheitsebene eröffnet, die im mentalen Bereich liegt. Bei jedem Schritt und jeder Drehung spricht das Knie mit mir. Tut es natürlich nicht, aber ständig höre und spüre ich das Knie und interpretiere etwas hinein. Ich laufe das erste Mal 50 Minuten am Stück ohne Probleme. Wenn es nicht gerade so naheliegend wäre, könnte man sagen »Es geht bergauf«. Am Ende der Runde stehe ich am Ufer des Eibsees und habe ein wenig gute Hoffnung. Weiter geht's. Der Berg ruft nach uns und will sein erstes Konzert mit einem Weltstar haben. Ich mag die Zugspitze, und wir erfüllen ihr den Wunsch.

Die Panorama Lounge auf dem Gipfel der Zugspitze fasst knapp 500 Besucher. Da wir aber Platz für Bühne, Kameras und Mischpulte brauchen, einigen wir uns mit allen Beteiligten darauf, nur 400 Tickets für diese Show zu verlosen. Das Ganze soll eine exklusive Veranstaltung für die eingefleischten *Ed-Sheeran*-Fans werden, Eintrittskarten für die Telekom Street Gigs kann man nicht kaufen.

Der Raum ist klein, und die Bühnenanweisung des Künstlers ist für Hallen mit mehr als 15 000 Besuchern konzipiert. Ich werde mich deshalb sechs Wochen vor der Show mit der Crew in Düsseldorf treffen. Wir besprechen die Gegebenheiten, schauen Pläne und Fotos an und überlegen, wie Material und *Ed Sheeran* stressfrei auf den Gipfel kommen. Das ganze dauert keine Stunde. Unüblich kurz für einen Künstler dieser Größenordnung. Großer Dank gilt seinem Tourleiter Mark und dem technischen Chef Chris. Am Anfang gab es noch die Überlegung, *Ed Sheeran* mit dem Helikopter auf den Gipfel zu fliegen, doch am Ende nimmt er ganz normal die Seilbahn. Wie gesagt, alles sehr entspannt.

Drei Tage vor der Show starten Vanessa, Dominik und ich von Köln aus zur Zugspitze. Am Nachmittag beladen wir mit den Technikern und Helfern den speziell gecharterten Zahnradbahn-Güterzug – zwei Wagons hinter einer alten Lokomotive. Wir stehen alle um das gute Stück herum und sind fasziniert. Sie ist aus dem Jahre 1928 und arbeitet am Berg, seitdem man damit begonnen hat, die Zahnradbahn zu bauen und den dazugehörigen 4466 Meter langen Tunnel in die Zugspitze zu sprengen. Ein Job, an dem in den 1930er-Jahren während 19 Monaten Bauzeit bis zu 1500 Männer arbeiteten. Über 100 Arbeiter sind dabei umgekommen.

Die Lok: Nur sie hat die spezielle Übersetzung, um große Lasten – wenn auch langsam – den Berg hochzuziehen. Die beiden Wagons werden mit neun Tonnen Material beladen. Der Zug wird am folgenden Morgen gegen 7 Uhr starten und etwa zweieinhalb Stunden für die Fahrt nach oben brauchen. Die restlichen vier Tonnen werden wir mit der Seilbahn hochbringen, die in diesen Tagen bei teilweise über 100 km/h Wind nichts für Menschen mit Angst ist. Dass unsere gesamte Produktion an der fast 90-jährigen »Lady« hängen, gibt mir Vertrauen. Die hat schon Schlimmeres gemeistert.

Als wir am Morgen am Gipfel ankommen, steht der Zug schon lange im Gleis und wartet darauf, entladen zu werden. Brave Lokomotive!

Wir werden zwei Tage brauchen, bis alles bereit ist. Viele Kameras, einen TV-Kran auf dem Dach der Lounge, eine Drohne mit Kamera inklusive Start- und Landeplatz, Regieplätze für TV, Bild und Ton, viele Lampen, Lautsprechersysteme und eine Bühne. Der Montag ist Showtag, und es werden

140 Mitarbeiter am Start sein, um dieses Konzert zu realisieren. Das sind viele Menschen. Wir sind auf einem Berggipfel, und die sind bekanntlich recht eng, da sie meist nach oben sehr spitz zulaufen. Dementsprechend ist das Gewusel groß. Das Restaurant wird unser Produktionsbüro und Aufenthaltsbereich für alle arbeitenden Hände. Der Künstler hat seine Garderobe im kleinen Museum auf dem Gipfel. Die Regieräume für Bild und Ton befinden sich in Abstellkammern, in denen sich Regisseur und Produzent mal richtig näherkommen. In den sonst üblichen Ü-Wagen mit ihren 18 Metern Länge ist alles viel komfortabler.

Ein einziges Mal muss ich mich in diesem Jahr im Job kurz und heftig aufregen. Unangekündigt kommt ein fremdes Filmteam mit 30 Komparsen plus Crew hereingeschneit. Ich hatte im Vorfeld von diesem Dreh gehört, aber es gab kurz vor unserem Aufbau die Information von dieser Produktionsfirma, dass sie nun doch nur im Tal drehen werden. Der Trupp verstopft alle unsere Wege. Die Aufnahmeleiter führen sich auf, als hätten sie die Zugspitze gemietet. Einige unserer Mitarbeiter werden blöd angemacht, wenn sie durchwollen. Mir reicht's. Meine Ansage ist, dass sie in zehn Minuten fertig sein müssen, da die TV-Drehs zu den Interviews mit *Ed Sheeran* beginnen. Ich weiß, dass wir mehr Zeit haben, aber ich will das Chaosteam loswerden. Um mich zu unterstützen fragt Frau Laumer gleich mal nach der Drehgenehmigung, die nicht vorhanden ist. Manche Probleme lösen sich von selbst. Schön, dass zumindest bei unseren Produktionen immer alle auf einem sehr hohen und professionellen Level zusammenarbeiten. Bei der Ankunft des Künstlers am Morgen ist alles sehr ruhig abgelaufen. Aufgrund von Zeitnot ist er und sein Team per Charterjet in Innsbruck gelandet und dort von zwei Neunsitzer-Bussen abgeholt worden. Sie kommen an der Seilbahn an, und es gibt eine freundliche Begrüßung – Chris und Mark kenne ich ja bereits. Wir haben eine Gondel für *Ed Sheeran* geblockt. Mit dieser fahren wir ohne weitere Gäste, da die teilweise sehr jungen weiblichen Fans in letzter Zeit einige Male für Probleme gesorgt haben. Wir bringen den Künstler direkt in seine Garderobe im Museum und er kann sich dort ein wenig akklimatisieren. Er ist um 4 Uhr aufgestanden und ein wenig müde. Die Interviews, Proben, Soundchecks und diverse TV-Drehs für unterschiedlichste Magazine werden danach abgefilmt. Die Show ist auf 15 Uhr terminiert, da wir das Alpenpanorama im Bild haben wollen. Nachts haben wir keine Chance. Um 13.30 Uhr stauen sich die 400 Gäste vor dem Einlass in die Panorama Lounge. Der Rückstau reicht über zwei Stockwerke bis in den Bereich des Museums, in dem sich der Künstler aufhält. Im Museum befindet sich keine Toilette. Es ist wie es ist. Der Künstler muss, und wir müssen mit der Security durch die Fanmenge zu der einzigen Toilette, die wir für Ed exklusiv zur Verfügung haben. Dies alles ist noch nicht so schlimm, aber als wir die Toilette erreichen, stellt der Chef der Security fest, dass er den Schlüssel vergessen hat. Das ist die Chance für alle Fans um uns herum. Schnell Handy zücken und Fotos machen. Der Künstler ist ganz entspannt, aber wir bitten die Beteiligten, auf Fotos zu verzichten. Klappt auch ganz gut, und der Schlüssel ist innerhalb einer Minute da. Das ist der Moment in dem ich wirklich froh bin, am heutigen Tag einen relaxten Künstler zu haben. Nach 30 Jahren Rock 'n' Roll kenne ich ganz andere Diven, die uns und sich den Rest des Tages versaut hätten.

Die Show wird der Hammer. Das Timing ist so, dass er seinen Hit *I see fire* in den Sonnenuntergang spielt. Ich stehe keine drei Meter von *Ed Sheeran* entfernt neben der Bühne und sehe die Sonne im sagenhaften Alpenpanorama untergehen: »Now I see fire, inside the mountain«. Und weiter:

»I see fire, burning the trees
And I see fire, hollowing souls
I see fire, blood in the breeze
And I hope that you'll remember me.«

Das sind die Momente, in denen mir wieder auffällt, warum ich meinen Job liebe. Es fallen während der Show nur wenige um – zum Glück nicht der Künstler. Wir sind auf 2962 Meter Höhe. Nicht umsonst haben wir ständig vier Sanitäter vom Roten Kreuz im Einsatz. Die TV-Bilder sind grandios, das Publikum happy, und alles inklusive der aufwendigen Live-Übertragungen ins Internet plus das dazugehörige *Instagram*-Konzert hat funktioniert.

Als wir gegen 21 Uhr mit dem Zug vom Berg runterfahren, haben wir an Ton- und Lichtequipment schon viel verpackt. Ich bin wie immer froh, dass niemandem etwas passiert ist. Keine Ahnung – das war schon immer so. Auch als ich einer der Jüngsten in den Teams war, hatte ich automatisch das Bedürfnis, Verantwortung zu übernehmen. Und heute, wo ich meist einer der Alten bin, erst recht. Liegt wahrscheinlich auch an der Vergangenheit, so wie sie war. Vanessa und Dominik haben mich massiv unterstützt und einen perfekten Job gemacht. Auf der Zugfahrt beschließe ich, das zu tun, was mir die Tage immer im Kopf umging. Es war die letzte Show des Jahres, das Jahr war gut, und da die Show und unsere Arbeit ziemlich perfekt gelaufen sind, soll es auch einen guten Abschluss geben. Ich liebe den

Eibsee, um den ich meinen ersten gescheiten Lauf nach fünf Monaten machen konnte. Das, was jetzt kommt, hat einen symbolischen Charakter. Es ist wie eine rituelle Waschung.

Sportlich hatte ich in Indien und mit dem langen Lauf in der Sahara einen feinen Start. Die Konzerte haben alle gut funktioniert. Danach wurde ich krank und konnte lange nicht laufen. Ich will jetzt schwimmen gehen! Es ist der 15. Dezember, mittlerweile 22 Uhr, und ich stolpere im Dunkeln vom Hotel die 20 Meter bis zum Steg in den Eibsee. Es ist alles wie sonst.

Meine Mitarbeiterin Vanessa und ich nach getaner Arbeit.

Okay, es ist dunkel und ich habe viele Spinnweben am Rücken kleben, als ich die Leiter runterklettere. Es war wohl länger keiner mehr Schwimmen. Das Wasser ist kalt, aber das war zu erwarten. Ich habe keine Badehose dabei. Sie hätte auch nicht gewärmt. Ich mache sechs oder sieben Armzüge Richtung Seemitte, um dann mit hoher Geschwindigkeit zurückzuschwimmen. Pünktlich zu meinem Ausstieg aus dem Wasser kommt Vanessa an, die sich nur vergewissern wollte, dass ihr Chef nicht absäuft. Hat geklappt. Die Kälte hat mir zugesetzt. Alles an mir ist etwas verschrumpelt und klein. Alles! Egal. Vanessa und ich kennen uns schon seit fünf Jahren. Wir kommen klar und machen uns auf den Weg in die Bar. Als sie mit 18 Jahren zur Ausbildung zu mir kam, beeindruckte sie mich beim Vorstellungsgespräch, sie war angst- und stressfrei. Heute ist sie meine wichtigste Unterstützung im Job, ein bisschen wie 'ne große Tochter, gute Freundin und Quälgeist vor dem Herren – also vor mir. Neben unseren Shows kümmert sie sich um Promo, Reisen, meine kilometerlange Setlist auf dem MP3-Player und weitere Deals ihres Chefs, die das Laufen betreffen. Sie wäre aber auch diejenige, die mich innerhalb eines halben Tages aus jeder Wüste der Erde zurückholen könnte, wenn ich bei einem Rennen rausfliege. In der Hotelbar bekommt Vanessa Caipirinhas. Ich trinke keinen Alkohol. Wie in den vergangenen elf Jahren. Nun ja, fast – an diesem Abend fehlen noch genau acht Tage zum Jubiläum.

Verletzung

O ktober 2014. Die Knieoperation ist nun fünf Monate und zehn Tage her. Gegen meine Gewohnheit zähle ich bei dieser Geschichte jeden Tag genau mit. Ich treffe mich heute Nachmittag mit meinem Orthopäden Frank Schmähling zum Radfahren. Ich weiß, dass es ihm lieber wäre, wenn ich wieder laufen könnte.

Im Dezember 2013 habe ich beim Pferdemisten einen unsanften Zusammenstoß mit der Schubkarre und lege mich blöd lang. Dabei bekommt der rechte Oberschenkelmuskel (Traktus) einen massiven Schlag. Die daraus resultierende Prellung und ein ziemlich heftiger Bluterguss sind schon schmerzhaft genug, doch dies ist der Anfang einer langen Leidensgeschichte, die mich bei meinen Lieblingssport, dem Laufen, hart treffen wird. Ich liebe das Laufen, und wenn ich hier von Liebe spreche, spreche ich von einer tiefen, ausgeprägten Verbundenheit mit diesem Sport, der mir unglaublich viel gibt und bedeutet. Es wird ganz bitter werden.

So kommt, was kommen muss. Am Tag vor Weihnachten gehe ich zu meinem Orthopäden Frank, und wir lassen ein MRT machen, um auszuschließen, dass auch das Knie bei diesem Sturz etwas abbekommen hat. Am zweiten Weihnachtsfeiertag treffen wir uns in der Praxis. Ich rede noch mit meiner Tochter Mara, die neben mir auf der Pritsche sitzt, über das Baumschmücken und Geschenke auspacken. Frank steckt die mitgebrachte CD mit den Bildern in den Rechner und platzt ohne Anlauf in unsere Weihnachtserzählungen hinein: »Ach du Scheiße!« Ich erwidere noch: »Das passt jetzt aber gar nicht zu dem, was wir gerade erzählen.« Seine nächsten Worte sind: »Ssssss ... aah, nein!« Mir ist sofort klar, dass es nun vorbei ist mit lustig. Auf meine Fragen kommen Antworten aus dem Fachjargon der Landschaftspflege und Forstwirtschaft. O-Ton: »Dein Innenmeniskus ist total geschreddert.« Seine Bestürzung scheint größer als meine. Fast schon beruhigend erkläre ich ihm: »Der Schmerz am Knie ist aber außen!« »Okay, ..., dann ist es egal«, sind seine nächsten Worte.

Der Innenmeniskus ist zerplatzt wie eine Weißwurst, die zu lange gekocht wurde. Nicht hübsch – aber genug der Metaphern. Ich bin mir sicher, dass es das Ergebnis der *Libyan Challenge* ist. Die Vermutung macht Sinn, da ich damals ein halbes Jahr gebraucht hatte, bis ich meine Knie wieder richtig beugen konnte. Wir einigen uns schließlich darauf, dass das blöd ist, aber sicherlich nichts mit dem aktuellen Problem zu tun hat.

Ich gönne dem Knie nach Franks Diagnose ein wenig Ruhe. Wir behandeln das Gelenk und die angrenzende Sehnenplatte mit Kortison, und das Knie funktioniert nach der Pause zumindest wieder so, dass ich trainieren kann.

Ein kleiner Rest an Schmerz bleibt allerdings, gerade auf langen Läufen muss ich die Zähne an manchen Tagen zusammenbeißen. Dann kommt die unerwartete Einladung über *Runner's World* nach Indien zu *Run the Rann* – ein 101-Kilometer-Lauf. Es läuft so gut, dass ich spontan beschließe, einen Deal mit dem *Ocean Floor Race* für April zu machen – 260 Kilometer nonstop in der Sahara. Um mich auf die Wüste vorzubereiten, fliege ich eine Woche nach dem Indien-Aufenthalt mit meinem Freund Jochen nach Fuerteventura. In Köln ist Karneval – der ideale Zeitpunkt, um die Firma zuzumachen und abzuhauen, ohne dass die Arbeit im Urlaub nervt. Das machen wir seit Jahren so.

»Fuerte« ist über die Jahre so etwas wie mein Trainingslager für Sand und Hitze geworden. Am vierten Tag kommt der Schmerz vom Dezember wieder. Mitten im Lauf – aus dem Nichts. Es gibt keinen Knall, Riss oder Bruch, wie es sonst schon mal geschieht. Ich muss die letzten Kilometer meines morgendlichen Laufes gehen. Da ab sofort nicht mehr ans Laufen zu denken ist, widmen wir uns Radausflügen und dem, was zwei Jungs im Urlaub sonst so machen.

Wieder zu Hause rätseln Doc Frank, mein Physio Christan Bils und ich, was los sein könnte. Chris denkt sich spezielle Trainingsformen für mich aus, und Frank kümmert sich um die medizinischen Ideen. Die Ruhezeit und diese Maßnahmen verschaffen mir noch mal Luft fürs Training und die Vorbereitung auf die Wüste.

Das Rennen in der Sahara überstehe ich. Die letzten 50 Kilometer von den insgesamt 260 Kilometern muss ich allerdings marschieren, da laufen wieder zu massiven Schmerzen im Oberschenkel – genauer: außen am Knie – führt.

Einige Wochen nach dem Lauf durch die Sahara hat sich das Knie trotz einer erneuten Laufpause immer noch nicht beruhigt. Wir beschließen eine OP. Es besteht wahrscheinlich kein direkter Zusammenhang zwischen den

Schmerzen außerhalb und dem Problem innerhalb des Knies, aber das lose Material des Innenmeniskus muss einfach raus. Die Befürchtung besteht, dass es zu Schäden am Hauptknorpel kommt, da diese Teilchen härter sind als der normale Knorpel im Knie.

Am 5. Mai 2014 um 9 Uhr ist der OP-Termin. Ich bin seit drei Uhr wach und habe mindestens sechs Espressi intus, als ich »nüchtern« im Krankenhaus erscheine. Der Deal mit Doktor Ritz: Narkose per Rückenmarksinjektion, damit ich auf dem Bildschirm sehen kann, wie es innen aussieht. Ich möchte gern mitentscheiden, was wir machen. Das OP-Team begrüßt mich freudig als den »Wahnsinnigen«. Die Anästhesistin ist smart und attraktiv, äußerst beeindruckt von meiner sportlichen Leistung und darf den entscheidenden Satz ungestraft sagen: »... und das in Ihrem Alter.« Ja, sie darf das. Sie ist die Ältere von uns beiden.

Ich sitze auf dem OP-Tisch, die erste Nadel geht gut rein. Sie macht den Zugang für die zweite mit dem Narkosemittel. Als diese hinterhergeschoben wird, wird mir allerdings etwas blümerant. Die Chefin möchte ungern, dass ich ihr den OP-Tisch vollkotze, die Sterilität könnte doch arg leiden. Sie überredet mich deshalb zur Vollnarkose, während ich mich noch über die vielen Espressi auf nüchternen Magen ärgere. Schwuppdiwupp bin ich weg, und das Mitentscheiden bei Dr. Ritz fällt für heute aus.

Beim Wachwerden habe ich dermaßen viel Spaß wie schon lange nicht mehr. Die Narkosemittel zeigen ihre Wirkung und verschaffen mir ungemeines Wohlbehagen. Ich kuschele mich in meine Decke, alles ist so schön weich und angenehm. Jetzt werden wunderbare Zeiten anbrechen, ich weiß es genau. Ich werde wieder laufen – wahrscheinlich sogar mit Kilian Jornet, dem spanischen Ultratrailläufer, in einem Team. Das Licht ist ganz weich und ich höre auch alles ganz sanft. Irgendwas in mir steht total auf die mir verabreichten »Drogen«. Die Wirkung lässt jedoch schon bald nach und ich sortiere mich wieder in der Realität ein.

Nach drei Wochen Reha folgen die ersten Versuche mit ganz leichten Läufen. Mein Knie und ich laufen zwei Kilometer! »Juhu!« Das wird wohl, wie erwartet, ein langer Weg mit viel Geduld werden. Aber ein Anfang ist gemacht. Direkt nach diesem ersten »Trainingslauf« muss ich des Jobs wegen zu *Rock am Ring*, und selbst bei den steilsten Bühnentreppen fällt mir Gott sei Dank nur ein leichtes Brummen im Knie auf. Das darf es auch. Ich halte wieder zehn Tage Ruhe, da ich die offizielle Vorgabe von mindestens vier Wochen Schonung einhalten will.

Endlich ist es soweit: Mein erster Lauf geht gleich über fünf Kilometer und am folgenden Tag gleich noch mal das Ganze. Es läuft gut – so gut wie erhofft. Doch der Schein trügt. Wie bereits erwähnt: In manchen Dingen bin noch genauso blöd und naiv wie vor 30 Jahren in meiner Sturm-und-Drang-Zeit. Als ich meinem Physio Chris von den beiden Läufen erzähle, faltet er mich gehörig zusammen. 5 x 2 Kilometer hätte seiner Meinung nach Sinn gemacht. 2 x 5 Kilometer hält er für totalen Schwachsinn. Er sollte Recht behalten. Nach kurzer Zeit kommt der Schmerz am Traktus zurück. Der Innenmeniskus und das Knie haben, wie vermutet, nichts mit dem Problem zu tun.

Es beginnt nun eine nervenaufreibende Odyssee für den Doc, den Physio und mich. Es wird alles ausprobiert: von Hochleistungschemie bis zur Akupunktur. Mal reicht es danach für ein Wochenende mit zwei normalen Läufen, mal sind es nur 400 Meter, bis ich umkehren muss. Ab diesem Zeitpunkt versuche ich, regelmäßig zu laufen, da die beiden Jungs Feedback brauchen, ob irgendeine der angewandten Methoden zu einer Veränderung führt. Das Schlimmste ist allerdings die Frustration, die sich nach meinen morgendlichen Läufen immer wieder einstellt – der Tag ist dann meist versaut.

Nachdem letztlich alle medizinischen Versuche und Übungen kein Ergebnis bringen, beschließe ich nach gut zehn Wochen den Abbruch aller Maßnahmen. Ich will mich damit nicht mehr auseinandersetzen und ertrage selbst den Anblick meiner Laufschuhe nicht mehr. Ich packe die Schuhe in einen Sack und bringe sie in den Keller. Aus den Augen, aus dem Sinn. Ich bin für viele Tage sehr traurig – ich bin restlos fertig.

Am Anfang stand nur ein kleiner Unfall im Pferdestall. Es folgten Probleme und die OP mit den anschließenden Wochen des Abwartens. Die waren zunächst gar nicht so schlimm, da ja laut dem Operateur, Dr. Ritz, Hoffnung bestand, dass alles wieder in Ordnung kommt. Der lose Innenmeniskus hatte schon ein wenig am Hauptgelenk genagt. Es musste nur ein bisschen maroder Knorpel entfernt werden, aber er meinte, es würde wieder werden. Bald darauf die neuen, alten Probleme und die Hoffnung auf Besserung durch die intensive Arbeit daran. Dann zwischendurch der Kommentar auf *Facebook* eines Laufkollegens: »... Die Hoffnung stirbt zuletzt. Aber auch die stirbt.« Ich fand seine Aussage befremdlich. Aber bis zu diesem Zeitpunkt hatte er Recht. In einem Artikel für eine Laufzeitung schreibe ich in dieser Zeit: »So wie ich hart trainiert habe, gute Ultras zu

laufen, genau so intensiv werde ich mich nun um meine Genesung kümmern.« Im Moment des Schreibens denke ich noch, dass es gut klingt und Sinn macht. Schöne Worte. Mann! Die Realität ist jedoch viel härter. Das Thema ist: Geduld beweisen, kleinste Fortschritten registrieren und mit abgrundtiefen Rückschlägen rechnen.

Heute, im November 2014, jammere ich nicht mehr. Diese Zeiten sind vorbei. Ich hänge nicht mehr früheren Rennen nach oder klammere mich an Prognosen und wohlgemeinte Einschätzungen. Im Moment starte ich meine eigene kleine Talentsuche – das Talent für Geduld. Ich werde darin besser, aber es wird definitiv nie gut werden. Niemals. Ich bin zu neugierig, wobei man bei mir oftmals »neu« einfach weglassen kann.

Neben den physischen Problemen bildet sich eine zweite Problemebene im Kopf. Bei jeder Bewegung verfolge ich mich selbst. Ich bin eine wandelnde Selbstanalyse in Bewegungsfragen. Um das aufzubrechen, beschließe ich die Änderung aller Parameter. Ich laufe keine Strecken mehr, die ich kenne. Ich laufe auch nicht nach Uhr, Puls oder Kilometer, sondern ich laufe nach der langen Pause jeden zweiten Tag jeweils zehn Minuten. Eine Trainingseinheit, die mit nichts zu vergleichen ist. Das ist bitterschön. Zehn Minuten sind wenig. Ein kleiner Fortschritt, aber das ist unermesslich viel.

Ich lerne so viel in den insgesamt sieben Monaten, und dieses Erlernen selbstgemachter Erfahrungen bedeutet einen immenser Schatz. Mir wird immer klarer, dass mein Fortschritt nicht so viel mit der Geschwindigkeit, sondern mit der Richtung zu tun hat. Deswegen heißt es auch Fort*schritt*.

Ich bin vorsichtig geworden. Der 40-Minuten-Lauf in Belgien mit meinem Freund und Läuferkollegen Steven Sleuyter hatte mir Anfang Oktober große Hoffnung gemacht, aber sich danach als Frühstart erwiesen. Also Vorsicht bei aufkommendem Optimismus! Wir hatten Steven und seine Frau in Brügge besucht. Kennengelernt haben wir uns im April 2014, bei meinem längsten und schwersten Rennen überhaupt: Dem *Ocean Floor Race* in der White Desert in Ägypten – 260 Kilometer nonstop in Eigenverpflegung. Seitdem haben wir Kontakt gehalten, und ich habe ich ihm regelmäßig von meinem Gesundheitszustand und der Operation erzählt. Ein langes Wochenende bei ihnen und am Meer war ein guter Plan zur Ablenkung. Dieser Plan ging zumindest lauftechnisch voll in die Hose. Ansonsten war es bei Steven in Brügge eine super schöne Zeit. Wir haben viel erzählt, auch Geschichten, die unsere Frauen noch gar nicht kannten – von dem gemeinsamen Abenteuer in der Sahara ein halbes Jahr zuvor.

Ocean Floor Race – 260 Kilometer nonstop durch die Sahara

D ie 100 Kilometer in Indien hatten dermaßen Spaß gebracht, dass ich einfach weitermachen musste. Ich war wieder im »Flow«. Die Zustimmung meiner Frau gab es ohne Probleme. Ich hatte ihr zu Weihnachten den Start zum 100-Kilometer-Lauf in Biel in der Schweiz geschenkt – ihr erster Ultralauf. Wie schon erwähnt: Wir sind beim Thema Laufen auf dem gleichen Weg unterwegs.

Als ich vier Wochen nach dem indischen Ultra in Kairo ankomme, läuft mir in der Lobby des Hotels direkt Steven Sleuyter über den Weg. Wir waren vor dem Rennen bereits in Kontakt und hatten in den vergangenen Jahren, aus teilweise den selben Rennen, Top-3-Platzierungen mit nach Hause gebracht. Zusammen gelaufen waren wir aber noch nie. Die Freude ist groß, und die Vermutung von gemeinsamen Bekannten bewahrheitet sich: In dieser Woche in der Sahara werden wir gute Freunde – extreme Situationen verbinden.

Die Aufgabenstellung in der White Desert ist denkbar einfach: 260 Kilometer nonstop einem GPS-Kurs folgen. Jeweils nach 25 bis 30 Kilometern steuert man einen Checkpoint an. Es gibt frisches Wasser, etwas zu essen, Tee, Kaffee oder eine Mütze Schlaf, wenn es gar nicht mehr läuft. Wir haben Notfallausrüstung, Schlafsack, Nahrung, Medikamente, Wechselklamotten für die kalten Nächte und Flaschen für drei Liter Wasser an und im Rucksack. Ein kleines Hotel in der Baharya-Oase, etwa 400 Kilometer südwestlich von Kairo, ist unsere letzte richtige Unterkunft, bevor es am Sonntagmittag per Jeep und Pick-up raus in die Wüste geht.

Es ist 14 Uhr, als knapp 20 Läufer aus aller Herren Länder starten. Das Feld ist relativ klein, was sich aus der Aufgabenstellung ergibt. Die Tagestemperaturen werden bei gemessenen 50,4 Grad liegen – und die Hälfte

Am Start des *Ocean Floor Race:* 260 Kilometer liegen noch vor mir.

der Teilnehmer wird daran scheitern. Und es geht direkt munter los, da das GPS von Steven und mir spinnt und uns in die falsche Richtung schickt. Der vom Veranstalter aufgespielte Kurs verleitet das Gerät, uns direkt ins Ziel zu navigieren – ohne die lästigen Umwege über zehn Checkpoints. Der Renndirektor Keith gibt uns sein eigenes GPS, und wir folgen diesem und dem vor uns laufenden Christian Schiester. Am ersten Checkpoint bekommen wir unsere GPS-Uhren wieder, und nach einem erneuten Fehlstart scheint es dann doch zu funktionieren. Wir drei laufen hintereinander in Sichtweite durch die Wüste, und jeder von uns versucht, sein eigenes Tempo zu finden. Es ist wie immer: Die ersten Stunden sind die schwierigsten. Magenkrämpfe plagen uns wechselseitig. Die Temperaturen und die Bodenbeschaffenheit müssen erst verinnerlicht werden. Beides kann man zu Hause im Winter nicht trainieren.

Es wird Abend, und die brutalen Temperaturen lassen nach. Mein GPS leider auch, es führt mich zurück auf den Kurs vom Nachmittag. Von Wegpunkt zwölf geht es direkt wieder zu Wegpunkt fünf, was ich aber in der Dunkelheit nicht bemerke. Beim Versuch, mich in Richtung Originalstrecke zu navigieren, finde ich Fußspuren und wähne mich schon gerettet. Diesen folge ich, nur um festzustellen, dass sich ein Laufkollege auch verlaufen hat. Also wieder zurück zu Wegpunkt fünf. Ziemlich genervt stehe ich nun mitten in der Sahara. Da kommt mir Denis aus Namibia in den Sinn. Er hatte sich damals auch verlaufen und wurde bekanntermaßen erst einen Tag später dehydriert wiedergefunden. Ich habe noch einen Liter Wasser, und die Temperaturen sind bereits auf zehn Grad gefallen. Ich weiß, dass es jetzt noch nicht wirklich gefährlich ist. Aber mir ist schon mulmig zumute. Vor allem bin ich angefressen und stinksauer. Die Gedanken an Namibia, das Generve vom Start weg mit der Uhr und das Wissen, dass mein Abstand zu Christian und Steven mittlerweile wahrscheinlich vier Stunden beträgt, lassen mich schwer zweifeln. Erhöhtes Risiko ist okay – aber es macht nicht viel Spaß: Kein Deal für mich, um 260 Kilometer zu laufen. Ich wandere durch die Nacht und finde zwei Beduinen mit Jeep. Sie bringen mich zum nächsten Checkpoint. Ich habe mich mittlerweile etwas beruhigt und einen klareren Kopf. Später werde ich erfahren, dass viele Läufer an dieser Stelle in Schwierigkeiten gerieten.

Gedanklich lande ich in dieser Nacht mal wieder bei meinem Vorbild in Sachen Krisenmanagement: meiner fünfjährigen Tochter Mara. Sie hat sich so oft auf die Nase gelegt und ist wieder aufgestanden, bis das mit dem Laufen geklappt hat. Also: Warum sollte ich hier abbrechen? Ich gebe mir selbst eine Zeitstrafe von vier Stunden wegen Auslassens eines Checkpoints. Es gibt keine offizielle Regelung für unverschuldetes Verlaufen, aber ich möchte einer Disqualifikation vorbeugen. Die Zeiten werden am Checkpoint dokumentiert, und ich begebe mich wieder ins Rennen. Am nächsten Checkpoint kriege ich vom Chef das endgültige »Okay« für diese Vorgehensweise und bin somit weiter im Rennen. Nun beginnt der schöne Teil. Wir kommen am zweiten Tag in die atemberaubenden Landschaften der White Desert. Dieses Gebiet war früher Teil der großen Ozeane – daher der Name *Ocean Floor Race*. Durch sedimentiertes und kalzifiertes Plankton sind große Monolithe entstanden. Sie zeigen die abstrakten Umrisse von Champions, einer Kirche, von Urzeitmonstern oder einem wunderschönen Phallus. Bei so viel Ästhetik verharrt der Läufer schon mal einen Moment vor Ehrfurcht oder Neid. Wichtig: Diese Eindrücke sind nicht unter dem Einfluss von Halluzinationen entstanden. Diese folgen erst später im Rennen.

Der zweite Tag bringt die brutalste Hitze, die mir in zehn Wüstenrennen begegnet ist. Und diese zwingt mich in die Knie. An Checkpoint sieben habe ich so hohes Fieber, dass ich mich mit Schüttelfrost in einen Schlafsack verziehen muss und für 60 Minuten schlafe. Fazit bei Kilometer 200: keine Blasen an den Füßen, Beine und Knie halten, Fieber im mittleren Bereich – normal bei der Hitze und Anstrengung und kein Grund zur Sorge –, aber beide Naseninnenwände fühlen sich wegen Hitze und Trockenheit komplett verbrannt und ausgetrocknet an – eine Premiere.

Das Wunderbarste für mich an diesem Rennen ist die Gastfreundschaft der Beduinen in ihren Zelten, die uns als Checkpoint dienen. Es ergibt sich aus dem Leben in der Wüste, dass Hilfsbereitschaft ein hohes und wichtiges Gut ist. Trotz fehlender gemeinsamer Sprache funktioniert die Kommunikation problemlos. Jeder Wunsch wird uns von den Augen abgelesen. Tee oder Kaffee sind Wohltaten. Die Eintöpfe, Nudel- und Reisgerichte liegen im Bereich der lebensrettenden Maßnahmen, und der Händedruck zur Begrüßung oder zum Abschied ist von selten erlebter emotionaler Kraft. Die Wüste ist mein Ort – sie ist ein Spiegel. Sie lässt die Größe deiner Probleme auf das richtige Maß schrumpfen. Wenn du schwierig aufgestellt bist, kann es aber auch in die andere Richtung gehen. Ich habe Läufer in der Wüste gesehen, die nach zwei Tagen – noch vor dem Start – wieder nach Hause geflogen sind.

Die zweite Nacht bringt wieder einige Überraschungen zum Thema GPS. Aber ich wachse mit den Aufgaben. Das Rennen ist sehr lang, mehr als 300 000-mal rechtes Bein vor, linkes Bein vor. Wahnsinn. Um eventueller Eintönigkeit entgegenzuwirken, habe ich mir im Vorfeld die Playlisten des MP3-Players von meinen drei liebsten Frauen (außer Mama) aufpeppen

Durch Kalkablagerungen sind Monolithe entstanden.

lassen. Ute, Susanne und Vanessa hatten die Möglichkeit, mich mit ihren 30 Lieblingstiteln zu überraschen. Ganz großes Kino! Ich hatte ungeheuren Spaß. Es war alles dabei: ein akustischer Attentatsversuch durch eine Schlagersängerin, Titel von Bands, mit denen ich früher getourt bin, und Balladen für einen gepflegten Heulanfall mitten in der Saharanacht.

Es wird langsam wieder Tag. Schon mal die *Brandenburgischen Konzerte* von *Bach* oder *Red Hot Chili Peppers* zum Sonnenaufgang in der Wüste gehört? Der Groove und eine nicht endende Gänsehaut: Ich bedanke mich hiermit bei allen Musikern, ohne deren Lieder dieses Abenteuer wirklich hätte anstrengend werden können.

Mit dem Sonnenaufgang kommt die Wärme in den Tag und die Energie zurück in meinen Körper. Gegen 11 Uhr erreiche ich in den nächsten Checkpoint in einer kleinen Oase. Steven und Christian überraschen mich dort mit der Nachricht, dass das Rennen seit mehreren Stunden unterbrochen ist, da eine Läuferin nunmehr 22 Stunden vermisst wird und alle Crewmitglieder und Autos an der Suche beteiligt sind. Chiara wird später gefunden. Sie ist dehydriert und etwas mitgenommen, aber es ist noch einmal alles gutgegangen. Bei der Abschlussfeier kann sie später wieder lachen.

Nach einigen Stunden Pause wird das Rennen fortgesetzt. Die nächsten 20 Kilometer laufe ich mit Steven und Christian, die in der offiziellen Zeitnahme allerdings mehrere Stunden Vorsprung haben. Als mein Knie sich meldet, lasse ich sie ziehen. Die Luft ist raus, und Platz drei scheint sicher. Ich marschiere durch die dritte Nacht die restlichen 50 Kilometer. Über 200 Kilometer Laufen zeigen mittlerweile auch bei mir Wirkung. Ich sehe bunte Lämpchen am Horizont – sieht aus wie die Uferpromenade am Comer See während eines Sommerfests. Die Halluzinationen beginnen. In diesem Zustand denke ich über das Zitat von Oscar Wilde nach, das ich mir immer vornehme, wenn es eng wird: »Am Ende wird alles gut. Wenn es noch nicht gut wird, ist es noch nicht das Ende.« Diesen Satz drehe ich im Halb-Delirium hin und her. Ein Mordsspaß mitten in der Sahara. Es wird Zeit, anzukommen. Abzüglich der Zwangspause überquere ich nach rund 55 Stunden die Ziellinie. Für mich ein ganz stiller Moment, aber ein großer Triumph nach den vielen aufwühlenden Gedanken in den vergangenen vier Monaten.
Nach dem Zieleinlauf sitze ich nachts um 3 Uhr noch mit unserem Veranstalter Keith zusammen. Wir sind beide müde und beschließen, das Gespräch über meine Strafkilometer auf den folgenden Morgen zu verschieben. Meine selbstgewählte Zeitstrafe wurde nun doch nicht akzeptiert, ich muss also die »versäumten« Kilometer nachlaufen. Am Mittag begebe ich mich also erneut auf die Strecke und laufe noch mal 55 Kilometer. Motivation dafür zu finden, fiel mir logischerweise nicht leicht. Steven sagt an diesem Morgen den entscheidenden Satz zu mir: »This is a legendary race!« Als ich zurückkomme, bin ich Dritter im Klassement.

Alles gut, bis kurz vor der Award Ceremony. Da erfahre ich, dass ich auf einmal »nur« noch Vierter bin. Der Grund: Meine Zeit für das Rennen lief nach der Zielankunft die ganze Nacht, also auch während ich schlief, bis zum Start der Strafrunden weiter. Diese Zeit wurde nun auf die Gesamtzeit addiert. Somit hatte ich zehn Stunden mehr in meinem Ergebnis, als es meiner Laufzeit entsprach. Das klingt ein wenig verworren. Aus der Distanz betrachtet ist es aber logisch. Vielleicht hätte ich es mir auch vor Ort schon denken können. Aber nach über 200 Kilometer Nonstop-Lauf in der Sahara

So sehe ich im Ziel aus: 260 Kilometern liegen hinter mir.

Manche mögen's heiß: Mit Gewinner Steven Sleuyter aus Belgien stehe ich auf der Finishline.

ist es mit dem Denken manchmal nicht so einfach für mich. Ein dezenter Hinweis vom Veranstalter wäre in dieser Situation hilfreich gewesen. Ich hätte mich bald auf den Weg gemacht. Ich bin sauer. Keith und ich klären das bei einem Gespräch in der Wüste. Bald denke ich wieder an die Krisenbewältigung meiner Kleinen – Herr Fuchsgruber grinst sich einen und weiter geht's.

Wie schon in Libyen wird auch beim *Ocean Floor Race* klar, dass diese Strecken zu meistern sind. Vorher drüber nachdenken kann man sich aber sparen. Es ist das Malen nach Zahlen oder die Selbsthypnose oder einfach der Tunnel, in den man kommt und der einem hilft, durchzuhalten. Es lässt sich nicht beschreiben. Nach dem Krieg sind die Männer aus Russland zu Fuß nach Hause zurückgekehrt. Mütter haben ihre Familien beschützt und zerstörte Städte wieder aufgebaut. Sie haben es geschafft, und man hat es gern und zu Recht mit den Worten beschrieben »Sie haben Übermenschliches geleistet«. Ich werde den Teufel tun und das mit unseren Läufen vergleichen. Wir sind freiwillig unterwegs und selten in Gefahr, wir können jederzeit aussteigen. Aber beide Beispiele zeigen, dass selbst dann etwas möglich ist, wenn es sich im Vorfeld der Vorstellungskraft entzieht. Man kommt in einen Zustand, den ich den »Tunnel« nenne. Es gibt irgendwann kein rechts oder links mehr. Es gibt nur noch eine Richtung, und man will zum Licht. Ich will nach Hause.

Die Zukunft hängt von vielem ab, bekanntermaßen hat man sie zu einem großen Teil selbst in der Hand. Mara möchte mit mir in Afrika laufen, wenn sie groß ist. Meine Frau ist ihren ersten »100er« in diesem Jahr in Biel gelaufen. Und noch eins steht auf der Liste: Ich werde in den nächsten Tagen diesen »Groove« suchen gehen und mich mal richtig bei ihm bedanken.

Der Fallschirm, der Geist und die konzentrierte Geduld

Der Musiker *Frank Zappa* sagte mal zum Thema Haltung und Fallschirm (engl.: parachute): »A mind is like a parachute – it does not work unless it's open.«

Als ich mir im Jahre 2013 vorgenommen hatte, dieses Buch zu schreiben, war mein Plan, die Geschichte mit einem guten Ergebnis in dem bisher längsten und härtesten meiner Rennen enden zu lassen. Und 260 Kilometer nonstop durch die Sahara laufen ist hart. Das ging jedoch gehörig in die Hose, denn danach folgte die Operation am Knie. Wie schon erwähnt, schrieb ich in einem Artikel zu der Zeit: »So wie ich hart trainiert habe, gute Ultras zu laufen, genau so intensiv werde ich mich nun um meine Genesung kümmern.« Der Irrglaube des Sportlers, dass höherer Aufwand automatisch bessere Ergebnisse erbringt. Ich musste lernen, dass meine Genesung nicht trainierbar ist. Die Reihenfolge änderte sich: Zuerst ist ein Nichts, danach beginnt das Thema Geduld, und parallel kommt die Reha dazu.

Ich habe durch die Verletzung mehr über mich und auch das Laufen gelernt als in den meisten meiner Rennen bisher. Das Zitat von *Frank Zappa* war ein ganz wichtiger Begleiter in den vergangenen sieben Monaten. Ich hatte anfangs große Sorgen, nie mehr laufen zu können, und ich hatte keine Ahnung, ob ich das Ziel erreichen werde. Aber: Wenn es schwierig wird, wenn einem große Probleme begegnen, dann ist es auch an der Zeit zu zeigen, was man kann. Ich hoffe, im kommenden Jahr wieder laufen zu können. Nach wie vor gilt mein Aussage, die ich zu Beginn des Buches getroffen habe: »Ich bin ein Suchender, ein Nomade, ein frei umherlaufender Irrer! Extremläufe haben einige Übereinstimmungen mit einem klassischen Drama: Es gibt auch eine Einleitung, das erregende Moment, die steigende Handlung zum Höhepunkt, und über die Tragik folgt die Katastrophe. Der Held stirbt. Nun gut, ich war noch nie so richtig tot.

Pläne habe ich im Laufe des Dezembers gemacht. Für mich sind Ziele wichtig. Es ist vielleicht das Wichtigste an ihnen, sie zu haben. Im Mai will ich nach Australien, *The Track* machen. Das längste Rennen meines Leben mit 520 Kilometern durchs Outback. Im Oktober mit *Racing the Planet* in die Atacamawüste und endlich mal ein Eisrennen machen – *The Last Desert* in der Antarktis.

Es stand für mich immer fest, dass dieses Buch heute, an Silvester 2014, seinen letzten Absatz finden wird. Vor zwei Tagen fiel Schnee, und ich war mit meiner Nachbarin Marlen in der strahlenden Mittagssonne laufen. Es sollten zehn Kilometer werden, aber es war einfach zu schön draußen – am Ende wurden es 19 Kilometer. Das Knie brummte ein wenig am Tag darauf, aber das stand ihm zu. Mit Mara war ich danach Schlitten fahren. Mutig wie sie ist, ging es Vollgas ab ins Tal. Schlimmer ist für Kinder im Alter von fünf Jahren natürlich der Fußmarsch zurück auf den Berg. Aber sie hat es immer wieder geschafft! Mein bester Freund Jochen machte mir den Vorschlag, gemeinsam mit ihm beim Silvesterlauf in Bonn zu starten. Erst will ich nicht, da ich mich keinem Druck aussetzen möchte und nicht schnell laufen kann. Nach ein paar Minuten finde ich aber das Symbolische zum Jahresabschluss daran sehr schön. Wir beschließen, zu laufen – allerdings wirklich nur symbolisch, in einem 5:30-Minuten-Schnitt. Als ich dann in dem Gewusel von Läufern stehe, kann ich aber nicht anders. Alles in mir vibriert. Auch wenn ich den letzten Monaten quasi zum Ackergaul mutiert bin, kommt das kleine Rennpferd in mir durch. Dachte Jochen eben noch an einen gemütlichen Lauf, eröffne ich ihm beim Überqueren der Startlinie, dass heute wohl seine Bestzeit über zehn Kilometer fallen wird. Am Ende ist er mit 48:15 Minuten über eine Minute schneller gelaufen als jemals zuvor. Ich freue mich riesig über seine neue Bestzeit – es kommt mir so vor, als wäre es meine. Hier schließt sich der Kreis. Mit Jochen war ich vor 13 Jahren nach der Herzmuskelentzündung meine ersten drei Kilometer laufen. Danach ging es mit dem Laufen bergauf – vielleicht gelingt es noch mal. Nach dem Lauf ergibt sich am Nachmittag noch folgende Geschichte, und für mich gibt es keine wichtigere in diesem Buch: Ich sitze auf der Treppe. Mara und Ute sitzen mir auf dem Boden im Flur gegenüber. Ich erzähle unserer Tochter nochmal, wie toll und mutig sie mit dem Schlitten ins Tal gesaust ist und dass ich noch stolzer auf sie bin, weil sie jedes Mal wieder so tapfer den Berg hochmarschiert ist. Mara springt spontan auf, rennt zu mir an die Treppe, umarmt mich und sagt: »So einen Papa wie dich hab' ich mir schon immer gewünscht.«

Ideen zu einem Trainingskonzept

Gute Trainingspläne für Extremläufe, die man als Standard 1:1 übernehmen kann, gibt es nicht. Das liegt zum einen an den speziellen und durchaus sehr unterschiedlichen Anforderungsprofilen der Läufe, zum anderen am persönlichen Leistungsvermögen des Läufers. So braucht man für einen *Ultra-Trail du Mont Blanc* (kurz: *UTMB*) ein ganz anderes Training als für einen 260 Kilometer-Nonstoplauf durch die Sahara. Ich tausche mich viel mit Kollegen aus, die ebenfalls in diesem Segment unterwegs sind. Dieser Austausch bringt bereits viel. Ein guter persönlicher Trainer, ein guter Verein oder eine Laufgruppe sind allerdings essenziell, wenn man den Anspruch hat, besser werden zu wollen. Die ersten Jahre habe ich mich für meine Marathons mit Trainingsplänen aus dem Netz beschäftigt. Ich wurde schneller, was zu Beginn beinahe selbstverständlich ist – vor allem bei meiner Vorgeschichte. Irgendwann kommt aber der Punkt, an dem sich nur noch minimale Fortschritte einstellen.

In der Vorbereitung zum *Marathon des Sables* treffe ich morgens beim Laufen Joey Kelly. Wir wohnen nur ein paar Kilometer voneinander entfernt, hatten uns zuvor aber noch nie gesehen. Da er bereits beim *MdS* war, schließe ich zu ihm auf, und wir unterhalten uns über mein erstes großes Wüstenrennen. Er gibt mir Tipps für die Wüste und erzählt mir auch von seinem Trainer Thomas Eickmann beim LAZ Rhein/Sieg. Was er erzählt, klingt sehr interessant, und so beschließe ich, nach der Wüste mit Thomas Kontakt aufzunehmen. Zwischen uns stimmt gleich die Chemie, zudem sind wir im gleichen Alter! Er war einer der schnellsten Marathonläufer in Deutschland und betreut viele gute Leute im Verein. Eine Zeitlang trainierte auch Sabrina Mockenhaupt bei uns. Sie durfte mich auf der Bahn beim Tempotraining überholen. Dafür durfte ich dann mit ihr auslaufen. Wir hatten wunderbare Gespräche.

Vor der Arbeit mit Thomas war ich noch stolz auf meine Trainingsleistungen und fand, dass ich mit meinen 100 Kilometern in der Woche auch fleißig war. Thomas kann mir aber sehr schlüssig erklären, dass ich mein Lauftempo optimieren muss und dass »100« lediglich eine schöne runde Zahl ist. Er zeigt mir, dass »144« auch eine ziemlich runde Zahl ist. Seine Formel in kurz und knapp: Gelingt es mir, bei 100 Prozent durch Tempotraining deutlich schneller zu laufen, werde ich auf langen Strecken bei 75 Prozent meiner Leistungsfähigkeit auch schneller laufen. Vereinfacht – aber es macht Sinn. Er schreibt mir Trainingspläne, die ich ihm zurückschicke mit dem Hinweis, dass ich nicht 20 sondern 48 Jahre alt bin. Beim nächsten Bahntraining spreche ich von Stress, und da sagt er einen Satz, der mir später noch oft auf die Sprünge helfen wird: »Stress ist was für Leistungsschwache.«

Das klingt zunächst vielleicht etwas arrogant, aber mit dem Wort »Stress« sind wir immer schnell bei der Hand. Dass hartes Training harte Arbeit bedeutet, liegt nahe. Heißt für mich, ich muss deswegen auch regelmäßig Bahnarbeit machen. Dabei passiert es mehr als einmal, dass mein Mageninhalt den Gaumen kitzelt oder der metallene Geschmack von Blut aufkommt.

Ich kann mir nach den ersten Einheiten nicht vorstellen, das Training über längere Zeit durchzuhalten. Auch mache ich mir Gedanken um meine Knochen. Aber nach einigen Monaten fange ich für meine Verhältnisse wirklich an zu laufen. Hieß es am Anfang noch: »Lauf mit dem Martin, der ist schneller, aber versuch dran zu bleiben ...« sind wir bald gleichauf, und die Fights mit ihm und den Kollegen auf der Bahn bringen richtig viel Laune. Tempotraining kann Spaß machen. Es ist wild, intuitiv, brutal – geht aber unmöglich allein.

Ich beginne, regelmäßig an 10-Kilometer-Wettkämpfen teilzunehmen. Als ich anfange, laufe ich eher um die 40 Minuten. Mittlerweile stehe ich mit einer 36er-Zeit in der Altersklasse 50 ganz gut da.

Meine Marathonzeit verbessere ich von 3:15 Stunden auf unter drei Stunden, und diese Tempohärte bildet die Basis für die nun kommenden Podestplätze bei den großen Rennen.

Das Training für einen Extremlauf

Schwerpunkt im Training ist für mich immer die Aufgabenstellung des anstehenden Laufes. Ein sehr langer Nonstoplauf über 250 Kilometer ist ein

anderer Wettkampf als ein Etappenlauf im gleichen Format. Der Etappenlauf braucht erstaunlicherweise viel Tempotraining, wenn man vorn laufen
will. Der »Nonstop« braucht viele sehr lange Einheiten, inklusive Marschieren, um gut vorbereitet zu sein. Ich bin ein miserabler Marschierer – ich
werde immer zum Spaziergänger.

Nach den vielen Rennen laufe ich im Training für einen Etappenlauf
heutzutage selten mehr als 40 Kilometer. Die physische Erschöpfung ist zu
groß, und die damit verbundene Regeneration dauert zu lang, um schnell
wieder gut trainieren zu können. Die Dimension der Entfernung muss in
den Kopf. Das funktioniert nur durch die Erfahrung der Wettkämpfe und die
langen Läufe. Der Körper ist immer nach ein paar Stunden erschöpft – den
Unterschied macht allein die gelernte mentale Stärke.

Der lange Lauf über dreieinhalb Stunden und mehr ist für Beginner im
Ultralauf deshalb eine der wichtigsten Einheiten. Ich fange in der Vorbereitung früh an, mit Rucksack zu laufen, wenn ich weiß, dass er wichtiger Bestandteil des Rennens sein wird. Komme ich bei einer Woche Etappenlauf in
der Wüste auf etwa sechs bis sieben Kilogramm Rucksackgewicht, beginne
ich meist zwölf Wochen vorher mit drei Kilogramm und steigere es auf acht
oder neun Kilogramm für die letzten beiden Wochen des Trainings. Stehe
ich dann an der Startlinie, komme ich mir erst mal so vor, als würde ich
fliegen, wenn mein Rucksack nur noch sechs Kilogramm wiegt.

Oft ist man bei Etappenläufen bis zu einer Woche in fremden Umgebun-
gen unterwegs, weswegen nicht nur die sportliche Vorbereitung wichtig ist.
Man lebt in Zelten, liegt mit Schlafsäcken auf dem nackten Boden oder dün-
nen Isomatten. Das Essen kommt aus der Tüte, Toiletten gibt es oft gar nicht.
Darauf sollte man vorbereitet sein. Vor meinem ersten Wüstenmarathon
habe ich die letzten zehn Tage vor der Abreise auf einem Holzbrett geschlafen. Dieses Training hat geholfen. Schlafen bedeutet Regeneration, und ich
hatte bei meinem ersten Rennen keine Probleme mit dem harten Boden.

In der Regel versuche ich, die Wochenkilometer langsam zu steigern,
um nicht in ein Übertraining zu kommen. Ein Zustand, der weit schwieriger
ist, als es das Wort vermuten lässt. Eine längere Pause ist beim Übertraining das einzig probate Mittel zur Regeneration. Wenn ich stabil bin, dann
ist mein Rhythmus folgender: zwei bis drei Belastungswochen, denen eine
Regenerationswoche mit etwas geringerem Umfang folgt.

Tempotraining auf der Bahn und Tempoläufe im Gelände gehören zum
Wochenplan.

Ich mache gern Tempowechselläufe, da sie die Tempohärte ausbilden. Ein Beispiel: einen Kilometer in 3:50 Minuten und einen Kilometer im Wechsel in 4:10 Minuten. Davon acht bis 14 (Wiederholungen) Kilometer, je nach Trainingszustand dann auch schneller. Das Ganze natürlich ohne Rucksack und mit jeweils vier Kilometern ein- und auslaufen.

Bergtraining integriere ich in die normalen Läufe. Insgesamt kommen neben den Kilometern pro Woche auch einige Höhenmeter zusammen. Ich bin nicht der Trainingsplanjunkie, der alles notiert. Die 13-Kilometer-Hausrunde im Wald hat allerdings schon 300 Höhenmeter. Das summiert sich in der Woche. Ich bin heute nicht mehr ein so großer Fan vom Kilometerzählen wie früher, da Rucksack und Höhenmeter Parameter sind, die die Kilometerleistung beeinflussen. Ich rechne für mich mittlerweile in Stunden und bei 15 bis 20 Stunden pro Woche ist die Grenze in meiner Altersklasse erreicht. Mehr führt zu negativen Ergebnissen.

Der folgende Plan ist auf mich gemünzt, für andere mag es sich vielleicht eher weniger eignen – ich hatte danach auf jeden Fall das Gefühl, gut trainiert zu haben. Ich laufe sehr gern – insofern macht mir Training Spaß, es gehört für mich zum normalen Tagesablauf. Okay, die zweite Trainingseinheit am Tag finde ich in den ersten Minuten auch heute noch abartig. Dieser Fall tritt aber nur zweimal die Woche ein, und dies wiederum nur in der harten Phase für einen wichtigen großen Lauf.

Alles wird nur gelingen, wenn man es liebt. Das gilt für das Training und vor allem auch den Wettkampf, den man sich ausgesucht hat. Meine Erfahrung ist, dass Rennen, die mich nicht wirklich anfixen, am Ende nicht funktionieren. Ich glaube, der Grund liegt im Umgang mit den Krisen. Diese kommen unweigerlich. Mit einem unguten Gefühl im Vorfeld ist man schnell bei der Haltung »Hab ich doch vorher schon gewusst, dass das nix wird«.

Ich gehe definitiv nur noch zu Rennen, auf die ich mich monatelang freuen kann. Ich freu' mich so gern!

Exemplarisch hier der Trainingsplan zu Jordanien 2012. Dauer: 14 Wochen – mögliche oder erwartete Ausfälle wegen Krankheit oder Arbeit sind somit eingeplant.

	Montag	Dienstag	Mittwoch	Donnerstag	Freitag	Samstag	Sonntag	Gesamt	Sonstige Infos/Besonderheiten
Woche 1	flach	Tempowechsel 8 x 3:50-4:15	Hügel	flach	OFF	Hügel	Hügel	92	ohne Rucksack
km	10	16	13	10	0	13	30		
Woche 2	OFF	Tempowechsel 8 x 3:50-4:15	Hügel	flach	flach	Tempotraining Hügel	Hügel	96	ohne Rucksack
km	0	16	15	10	14	17	24		
Woche 3	OFF	Tempowechsel 10 x 3:45-4:15	Hügel	flach	Tempotraining flach	Hügel	Hügel	100	Rucksack 3 kg
km	0	18	15	10	17	10	30		
Woche 4	flach	OFF	Hügel	Hügel	Tempotraining flach	5 min Schritt	X	101	Rucksack 4 kg
km	17	0	15	15	14	40	0		
Woche 5	flach	flach	flach	krank	krank	flach	flach	69	Rucksack 5 kg
km	10	13	13	0	0	13	20		
Woche 6	OFF	Tempowechsel 8 x 3:47-4:15	Rucksack 4Kg Hügel	Hügel	Tempotraining Hügel -15	flach	Hügel	116	Rucksack 6 kg
km	0	18	15	15	13	13	35		
Woche 7	OFF	Tempowechsel 10 x 3:50-4:15	Sand	morgens Sand -15	morgens Sand -15 abends Hügel -15	morgens Sand -17 abends Hügel -17	morgens Sand -17 abends Hügel -18	147	Fuerteventura Rucksack 7 kg
km	0	morgens Sand -16 abends Hügel -16 / 32	morgens Sand -19 abends Hügel -18 / 37	15	30	34	34		
Woche 8	flach			flach	Tempotraining flach	flach	flach	160	Fuerteventura Rucksack 7 Kg
km	15			10	14	22	30		

	Montag	Dienstag	Mittwoch	Donnerstag	Freitag	Samstag	Sonntag	Gesamt	Sonstige Infos/ Besonderheiten
Woche 9	OFF	Tempowechsel 10 x 3:45-4:10	morgens Hügel -13 abends flach -13	Hügel	Hügel	morgens Hügel -10 abends flach -13	Hügel		Rucksack 7 kg
km	0	18	26	15	14	23	20	116	
Woche 10	flach	krank	kränklich	kränklich	OFF	flach	flach		Rucksack 7 kg
km	15	0	10	10	0	20	32	87	
Woche 11	flach	Tempowechsel 12 x 3:50-4:15	morgens Hügel -14 abends Hügel -14	morgens Hügel -13 abends flach -17	flach	Hügel	Hügel		Rucksack 8 kg
km	15	20	28	30	20	25	35	173	
Woche 12	morgens Hügel -15 abends flach -13	Tempowechsel 14 x 3:45-4:15	morgens Hügel -15 abends flach -15	morgens flach -13 abends flach -13	Hügel	Hügel	Hügel		Rucksack 8 kg
km	28	20	30	26	20	25	35	184	
Woche 13	flach	morgens Hügel -15 abends flach -12	flach	morgens flach -14 abends flach -14	flach	Hügel	flach		Rucksack 9 kg
km	10	27	14	28	5	20	32	136	
Woche 14	OFF	flach	flach	Hügel	OFF	flach	OFF		ohne Rucksack
km	0	10	10	8	0	8	0	36	

Mein Equipment

Heute ist es leicht, gutes Material zu finden. Vor zehn Jahren gab es viel Ausrüstung zum Bergsteigen – zum Laufen mit Rucksack im Gelände aber noch sehr wenig. Die Trailschuhe hatten die Anmutung und das Gewicht von Wanderschuhen, und vieles musste man sich noch selbst basteln.

Im besten Fall ist das Equipment so gut, dass du über 250 Kilometer nichts davon merkst. Blutende Füße, kollabierende Mägen, geplatzte Rucksäcke oder von Shirts und Pants aufgeriebene Hautpartien sind möglich, wenn es nicht gut läuft.

Es gibt viele Quellen, bei denen gutes Equipment bestellt werden kann – stellvertretend sei hier der Store von Racing the Planet genannt, der eine gute Vielfalt an Ausrüstung und eine Vielzahl von Marken genau für diesen Bereich des Laufens anbietet.

Ich habe viel getestet und über die Jahre mein Material gefunden. Dass danach die unten genannten Firmen auf mich zukamen, ich heute von ihnen unterstützt werde und wir gemeinsam Lösungen für meine Themen im Ultralauf suchen und finden, ehrt mich.

Mein Equipment beim *260-Kilometer-Ocean-Floor-Race-Sahara* 2014:

Laufkleidung: X-Bionic – Shirt, Pants, Strümpfe: Kompression, hochwertig, geruchsneutral, belastbar. Es gibt keinen härteren Materialtest als eine Woche in der Wüste in einem einzigen Laufoutfit.

Energie: Ultrasports – Energie auf Molkebasis – das einzige, was wirklich bei mir funktioniert für die Dauer einer Woche. Magenverträglich und nicht so künstlich im Geschmack – gibt es auch laktosefrei. Es passiert leider häufig, dass die Kollegen ihre Gels und Pulver nach ein paar Tagen nicht mehr sehen können. Mir passiert das nicht.

Schuhe: HOKA ONE ONE Stinson Evo – eine französische Marke, die ihren Siegeszug im Extrembereich in den vergangenen drei Jahren durch ihre überhohen und extrem gedämpften Sohlen begonnen hat.

Einlagen und Anbringung der Gamaschen von Gangart/André Hänchen.

Gamaschen an den Schuhen gegen den Sand: Raidlight – Anbringung am Schuh über Klettband, das sowohl geklebt als auch genäht werden sollte. Nur Kleben funktioniert nicht. Ohne Gamaschen kann es böse Verletzungen geben.

Rucksack: Raidlight Ultra Olmo 12 Liter/bei Etappenrennen meistens Olmo 20 Liter.

Windbreaker und Hose nachts: Raidlight Ultralight.

Stirnlampe: Silva Trailspeed Elite mit zwei Akkus – bei Etappenrennen nehme ich Silva Trail Runner 2 mit Batterie.

Kühlkleidung von Idenixx: Kühlelement über Brustkorb, Rücken und Ärmlinge – bei Hitzerennen über 40 Grad sinnvoll.

Lagerleben und Reisen: Hosen und Jacken von Gamsbokk.

Uhr: Polar RS 800 CX und neu M400.

Schlafsack: Yeti Passion three – das Verhältnis von Gewicht zu Wärme ist unschlagbar.

Geheimwaffe HOKA ONE ONE mit den Namen meiner Liebsten.

Sponsoren:

Bibliografische Information der Deutschen Nationalbibliothek
Die Deutsche Nationalbibliothek verzeichnet diese Publikation in der
Deutschen Nationalbibliografie; detaillierte bibliografische
Daten sind im Internet über http://dnb.dnb.de abrufbar.

1. Auflage
ISBN 978-3-667-10152-5
© Delius Klasing & Co. KG, Bielefeld

Text: Rafael Fuchsgruber, Ralf Kerkeling
Lektorat: Niko Schmidt
Titelfoto: Martin Paldan © Beyond the Ultimate
Rückseite: Zandy Mangold © www.4deserts.com
Fotos:
Arturo Chino Yong © Q50: 130, 132, 133, 137, 139
Dale De la Rey © www.4deserts.com: 86, 88, 93
Keith Gray © Fatfeet: 170
Jérôme Lollier © Canal-Aventure: 116, 118, 119, 129
Zandy Mangold © www.4deserts.com: 4, 5, 41 (rechts),74, 76, 77, 78, 79, 80 (3), 100 (2), 102, 104 (2),
105, 107, 108 (2), 168
Markus Nass / Telekom Street Gig: 12
Martin Paldan/ © Beyond the Ultimate: 21, 24 (2), 25, 26, 27, 29, 30, 31
Privat: Seite 2, 34, 38, 40 (links), 40/41, 44, 47 (2), 50, 52, 53, 55, 56, 57, 59, 61 (3), 64, 65, 81, 91, 98,
127, 128 (3), 135, 138, 148, 163, 175, 177 (2), 188
Himraj Soin © Uphill EMG: 144, 146, 147
Harald Tauderer © Lux Musik: 172

Umschlaggestaltung: Buchholz.Graphiker, Hamburg
Layout: Axel Gerber
Lithografie: scanlitho.teams, Bielefeld
Druck: Print Consult, München
Printed in Slovakia 2015

Delius Klasing Verlag, Siekerwall 21, D - 33602 Bielefeld
Tel.: 0521/559-0, Fax: 0521/559-115
E-Mail: info@delius-klasing.de · www.delius-klasing.de

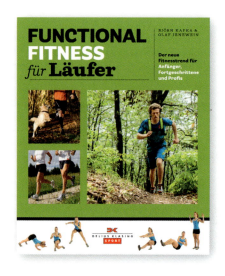
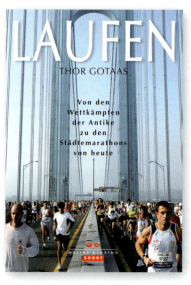

Stephan Repke / Denis Wischniewski
Trail Running
Die neue Art zu laufen
ISBN 978-3-7688-3266-3

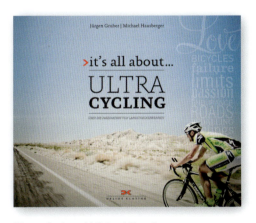

Jürgen Gruber / Michael Hausberger
it's all about ... Ultracycling
Über die Faszination von Langstreckenrennen
ISBN 978-3-7688-5354-5

Erhältlich im Buch- und Fachhandel oder unter www.delius-klasing.de

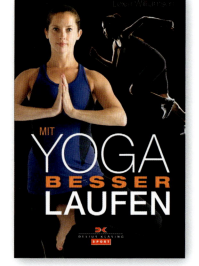